Invitación a la ética

Fernando Savater

Invitación a la ética

EDITORIAL ANAGRAMA
BARCELONA

Diseño de la colección:
Julio Vivas
Portada de Julio Vivas

Primera edición en «Argumentos»: abril 1982
Primera edición en «Compactos»: mayo 1995
Segunda edición en «Compactos»: marzo 1997
Tercera edición en «Compactos»: mayo 1998
Cuarta edición en «Compactos»: noviembre 1999

© Fernando Savater, 1982

© EDITORIAL ANAGRAMA, S.A., 1995
 Pedró de la Creu, 58
 08034 Barcelona

ISBN: 84-339-1445-6
Depósito Legal: B. 42265-1999

Printed in Spain

A&M Gràfic, S.L., 08130 Santa Perpètua de Mogoda, Barcelona

El día 2 de abril de 1981, un jurado compuesto por Salvador Clotas, Hans Magnus Enzensberger, Luis Goytisolo, Román Gubern, Mario Vargas Llosa y el editor Jorge Herralde, sin voto, otorgó el X Premio Anagrama de Ensayo a la obra *Invitación a la ética* de Fernando Savater, por unanimidad.

Resultaron primeros finalistas, por orden alfabético, las obras *Reflexiones desde un cuerpo de mujer* de Magda Catalá y *El ángel caído* de José Jiménez.

A los que me conocieron y me olvidaron, pues me dieron el trato que debemos esperar de los dioses propicios. A quienes he defraudado, a quienes han sufrido por mi causa. A mis enemigos, con agradecimiento por la atención que me prestan. A los que se han reído conmigo y de mí. A todo el que un día me dijo sinceramente: «estoy de tu lado». A las que se fueron y a la que vendrá. A mis amigos y a ti, por si quieres llegar a serlo.

«La virtud no tiene dueño, la tendrá cada uno más o menos según la honre o la desprecie. La responsabilidad es del que elige. El dios es inocente.»

(PLATÓN, *La República*)

«Pensar es fácil. Actuar es difícil. Actuar siguiendo el pensamiento propio es lo más difícil del mundo.»

(GOETHE)

«Contén el impulso de tu vida hasta poder lanzarla mejor; contra cualquier cosa, si quieres ganarla; sino, hacia arriba, inútilmente, para verla perderse en el cielo.»

(JOSÉ BERGAMÍN)

PROLOGO

Tuve la impía tentación de titular *Oráculo manual* a este breve libro de reflexión moral, llevado por motivos semejantes a los que hicieron a Don Vincencio Juan de Lastanosa titular así la celebérrima selección de aforismos de Gracián: «Llamo *Oráculo* a este epítome de aciertos del vivir, pues lo es en lo sentencioso y lo conciso.» Inmodestia aparte, este breviario será también voluntariamente sentencioso en ocasiones, aunque siempre con tono y vocación bastante diversos que los de Gracián; y conciso, desde luego, no puede serlo más, pues trata de condensar en tan corto número de páginas los fundamentos de la ética, su contenido específico y aquello en lo que, más allá de ella, se ensancha y pierde la vida humana. El lector que quiera ampliar esta lectura con obra de idéntica orientación pero más prolija y detallada, deberá acudir a mi libro *La tarea del héroe,* que forma pareja natural con éste en cuanto a su contenido y fecha de elaboración.

He preferido, empero como título éste de *Invitación a la ética.* Y es que se trata de eso mismo, en todos los sentidos principales que tiene la palabra en castellano: invitar es decir una persona a otra que vaya o llevarla a la casa propia; y también obsequiar a alguien llevándole a un sitio agradable y pagando sus gastos; también es ofrecer a alguien que haga cualquier cosa que se supone grata para él, brindándole la mejor oportunidad y buenas condiciones para reforzar su gana de hacerla; pero incluso puede ser sinónimo de «intimar», o sea, decir a alguien, sin violencia pero conminatoriamente, que haga cierta cosa. De todas estas formas quisiera con el presente libro invitar a la ética. Ya se ve, pues, que tengo un empeño mucho más ambicioso y menos *científico* que el de inspeccionar ciertas fórmulas valorativas del lenguaje común o coleccionar diversas opiniones éticas promulgadas por los especialistas en la materia. De un modo u otro, se me podrá acusar del peor pecado que puede cometerse en este campo, el de pretender ser normativo. Cuando se aspira a la normatividad es por ingenuidad, impudor o arrogancia, nos dicen; pero, a mi juicio, sólo un discurso que encierre normatividad puede contener realmente sustancia ética. Una desdichada vecindad hace que la recomendación del bien —en esto consiste fundamentalmente la ética— recuerde los hábitos sermoneadores de los curas. Pero no hay nada de sacerdotal en reconocer un vehemente y racional propósito normativo, porque no hay nada en ello de hipócrita.

Llamo *ética* a la convicción revolucionaria y la vez tradicionalmente humana de que no todo vale por igual, de que hay razones para preferir un tipo de actuación a otros, de que esas razones surgen precisamente de un núcleo no trascendente, sino inmanente al hombre y situado más allá del ámbito que la pura razón cubre; llamo *bien* a lo que el hombre realmente quiere, no a lo que simplemente debe o puede hacer, y pienso que lo quiere porque es el camino de la mayor fuerza y del triunfo de la libertad. No quisiera que de este libro el lector sacara cuatro o cinco dogmas, ni tampoco un código, sino auténtico *aliento*: porque la ética se ocupa de lo que alienta al hombre y en el hombre. En este campo, las grandes novedades suelen serlo sólo por inadvertencia o fatua pretenciosidad: el talento se ocupa de formulaciones más ajustadas que las habituales y de iluminar perspectivas inéditas de lo siempre sabido. No quisiera extrañar a mi lector o deslumbrarlo, sino permitirle lúcidamente reafirmarse. Escrito por un hombre de hoy para los hombres de hoy —¿podría acaso ser de otro modo?— nadie espere sociología de las costumbres ni picantes anécdotas sobre las recientes formas de vida en Berkeley o Nepal: pretendo hablar en serio, aunque sin perder el humor. Ni voy más allá ni retrocedo del primero de los dictámenes del mencionado *Oráculo* de Gracián: «*Todo está ya en su punto, y el ser persona, en el mayor.*»

Primera parte
Hacia la ética

Capítulo I

La acción como principio

Fausto vacila, con la pluma en alto, dispuesto a comenzar su evangelio: «en el principio era el Verbo», «en el principio era la mente», «en el principio era la fuerza»... Conocemos su respuesta, que ya se contenía en las palabras del espíritu llameante de la escena primera, ese espíritu al que Fausto llamó «su igual»: «En el oleaje de la vida, en la tormenta de la acción, subiendo y bajando, de aquí para allá, me agito yo. Cuna y sepulcro, un sempiterno mar, un cambiante tejer, una hervorosa vida; eso urdo yo en el silbante telar del tiempo y tejo a la divinidad un vestido viviente.» Así, pues, en el principio era la acción. No puede haber otro comienzo para la reflexión que pretende acercarse a la ética sino éste de partir de la acción, concretamente de la acción humana. Comprender al hombre ante todo como ser activo es un punto de vista clásico que ya se encuentra en el pensamiento de Aristóteles, pero que alcanza su más enérgica expresión en la filosofía moderna de un Spinoza, un Leibniz o un Fichte, para quienes la propia sustancia no es más que un «punto de fuerza», una perpetua vocación transformadora. El hombre, cada hombre (aceptaremos ahora una supuesta posición individual como hipótesis de partida), es lo que hace y se hace en su actividad. Pero la acción crea inmediatamente una relación, entre el impulso dinámico del que brota y la resistencia del mundo de cosas sobre el que se ejerce. Lo primero que nuestra actividad descubre de lo real es la terquedad con que se nos opone. Max Scheler (en *El puesto del hombre en el cosmos*) señala lo originario de este descubrimiento: «La vivencia primaria de la realidad, con vivencia de la resistencia que ofrece el mundo, *precede a toda* conciencia, a toda representación, a toda percepción.» En el mismo sentido, Ortega llamó a la realidad «contravoluntad» y María Zambrano define lo real como lo que me circunda y resiste.

Las cosas que pueblan el mundo real insisten en permanecer idénticas a sí mismas, oponiéndose a la voluntad transformadora de la conciencia activa del hombre: al menos así puede contarse la historia desde el ímpetu que nos trastorna. Nuestra perspectiva activa es demoledora, pues lo primero que podemos conocer del mundo es que lo estamos *deshaciendo*. El hombre deshace lo que permanecía dado e idéntico a sí mismo y por esta vía subversiva conoce, en primer término, lo que le rodea. Hay ecos de este punto de partida de nuestra reflexión en aquella opinión de Emerson: «El trabajo manual es *el estudio* del mundo exterior». Conocemos el mundo al intervenir en él, contra él, e intentar vencer su inercia. Así descubriremos todo lo que, para empezar, nos interesa del mundo, pero también lo que en primer lugar nos interesa de nosotros mismos. Somos lo que no deja en paz a las cosas, lo que combate incesantemente contra ellas: nuestra raíz es esencialmente *polémica*. De aquí nos viene el particular nivel ontológico que nos corresponde y que ha de condicionar nuestros planteamientos ulteriores. Así lo expresa Bachelard (en *La tierra y los sueños de la voluntad*): «La lucha contra lo real es la más directa de las luchas, la más franca. El mundo resistente promueve al sujeto al reino de la existencia dinámica, a la existencia por el devenir activo, de donde proviene un existencialismo de la fuerza.» El hombre se asienta, paradójicamente, en lo dinámico y reconoce su necesidad más propia, nueva paradoja, en lo posible. Se ve forzado a esforzarse, a hacerle fuerza al mundo. Ante tal desasosiego fundamental, alguien podría preguntarse: «¿Y por qué el hombre no deja en paz a las cosas sino que combate contra ellas, hasta deshacer su resistencia?» Respuesta: el hombre no puede dejar de enfrentarse a las cosas, *porque así prueba que él no es cosa alguna*. No puede haber complicidad entre lo que la cosa tiene de cosa —su identidad— y el hombre, que es dinamismo —esto es, diferencia consigo mismo—, salvo en tanto que la cosa termina por ser deshecha y rehecha: o sea, en tanto que su identidad expresa la no-identidad subjetiva del hombre y *sólo* en tanto la expresa. También podría decirse esto mismo afirmando que el hombre no pertenece a otra naturaleza que su propio artificio.

Aristóteles distinguió dos clases de actividad humana: la *praxis*, intransitiva, que consiste en el puro ejercicio del sujeto, y la *poiesis*, transitiva, que consiste en hacer algo y deja como remanente un producto. Artes y técnicas responden a la *poiesis*, mientras que las virtudes o las formas de la cortesía son esencialmente prácticas, en este sentido aristotélico del término. Ahora bien, esta distinción puede referirse a un problema más hondo que el de la taxonomía elemental de acciones habitualmente generada por ella. Un problema que se refiere a la esencia misma de la acción y que incluso alcanza un nivel trágico en el sentido más radical de la palabra. Digámoslo así: lo que hacemos se instala frente a nosotros como producto y nos reclama una y otra vez a volver sobre ello para sostenerlo; lo que somos se subleva contra todo producto, contra toda configuración dada, y ansía desmentir cualquier rostro definitivo que pretenda concederse su ímpetu. El ánimo que somos se vuelca en sus productos, en lo que hacemos y también en lo que nos hacemos (aquello en que nuestra acción nos transforma), dedicado plenamente a crear, poseer y tomar forma; pero lo producido no tiene más vida que la de provenir de una creación, de un querer activo que *ya* se ha realizado, luego su vida está toda ella en el pasado y por tanto muerta en cierto modo: debe resistir constantemente al no-querer activo que ya no lo ve como posible sino como necesario, y en tal resistencia estriba su verdadera posibilidad. El producto es ante todo identidad consigo mismo: es *cosa*. Engloba al sujeto que le creó, pero sólo en cuanto idéntico a la cosa, invariable, necesario. El *fiat* que le origina, un *fiat* rotundo que no admite vacilación ni no-querer en su formulación creadora, sigue llegándole desde su pasado y manteniéndole estable en lo que es: pero la posibilidad que el *fiat* abrió y cuyo desafío midió su fuerza ya ha quedado congelada como necesidad en la identidad de la cosa. El sujeto puede identificarse con ese *fiat* en cuanto activo, es decir, en cuanto desafío de lo posible, pero ya no en calidad de necesidad identificada, estable, en cuanto cosa. Entre el *fiat* y su producto ya no media la posibilidad, porque ésta se ha realizado; sólo queda la identidad inmediata, *fiat-fiat*, el querer sin tensión ni tampoco vida *actual*. El yo-sujeto que todavía carece de identidad —que sigue siendo *fiat* activo— no se reconoce en ese *fiat* congelado que no le pertenece, pues, por un lado, comparte con él lo de querer activamente pero, por otro, le contraría que tal querer no sea ya posible, sino necesario; siendo apertura a la posibilidad pura, es decir, libertad, en nada puede reconocerse peor el yo que en lo necesario. Al afirmativo querer del *fiat* cosificado en el producto opone todo el desafío de su no-querer, donde se abre de nuevo la libre posibilidad.

El *fiat* que somos, el yo-sujeto, va trazando su camino a través y por medio de las identidades: éstas son su soporte, su obstáculo y su tarea. El yo, para vivir, es decir, para cumplir la posibilidad desafiante de su libertad, necesita identificarse; pero una vez establecida su identidad (hecho uno con su producto o con un sí mismo cosificado como cosa propia) debe impugnarla para seguir viviendo y por ello reivindica la posibilidad del no-querer frente a la necesidad del querer reificado en el *fiat* ya establecido. *Ninguna identidad le basta al yo, porque ama más su posibilidad que sus productos*: toda obra es insuficiente (y también todo *status* público, todo nombre propio, todo título académico o profesional, toda construcción cara a los otros o frente a uno mismo de una personalidad dada de una vez por todas) porque en ella lo posible, la *dynamis*, adopta el rostro fatal de lo que es lo que es y no otra cosa, de la identidad necesaria. La posibilidad, la *dynamis*, la libertad... son de lo que está hecho el aire que respira nuestra subjetividad, cuyo principio es acción. Pero lo que esa subjetividad creadora se propone como *contenido* propio de su posibilidad es la fabricación y destrucción de identidades: el yo-sujeto (dinámico, es decir, no idéntico a sí mismo, afirmando su diferencia en su no-querer, celoso de su infinitud) no tiene otro propósito que la identidad, en la cual cumplirá su vida. Se propone una identidad ideal, perfecta, en la cual ya no hubiese lugar ni resquicio para el no-querer... es decir, para la subjetividad misma. Vamos a llamar *egoísmo* al quererse del querer, al amor del yo por lo posible: *el egoísmo es la fe de la subjetividad en su propia infinitud*. Pues bien, el egoísmo busca, inventa y subvierte permanentemente la identidad. El egoísmo sin la identidad es un ímpetu vacío, la identidad sin egoísmo es inercia y fatalidad. Anclado en la identidad de las formas estables —cuya creación por el *fiat* del querer constituye su mayor júbilo, pero cuya cristalización de la posibilidad en necesidad es la señal de su desdicha— el egoísmo aspira a no ser expulsado por el mecanismo puramente repetitivo y conservador de lo idéntico, es decir, pretende mantener incesantemente la preeminencia del momento creador libre contra la inercia estabilizadora de la forma producida. Las identidades que resisten en el mundo los embates de la subjetividad activa son siempre *imperfectas*, por culpa de la perpetua brega del no-querer egoísta contra la posibilidad reificada; por su parte, el egoísmo se siente *desgarrado* —y por tanto culpable— entre su ansia de alcanzar la identidad perfecta objetivada y la pasión de conservar siempre abierta la posibilidad libre y dinámica, en la que precisamente consiste su ser subjetivo. La identidad perfecta, la forma ideal, excluye por completo la tensión de querer que hemos llamado *yo;* el egoísmo no puede renunciar al cumplimiento creador de la perfección ni dejar de sentir cada paso hacia la identidad perfecta como una mortal amenaza de cosificación. En esto consiste propiamente la *raíz trágica* de lo humano; la ética que parte de lo trágico, como la propuesta en esta «Invitación», no puede esperar ni prometer ninguna reconciliación definitiva —sea en este mundo o en otro— que *salve* al hombre, rescatándole del conflicto que le constituye.

La recompensa del egoísmo es *el placer;* la forma estable e idéntica asegura la *satisfacción*. Contra ambos milagros, el triunfo de la necesidad y lo irremediable es siempre fuente de *dolor*. La actividad del hombre busca satisfacción y/o placer, en lucha contra el dolor de lo necesario. Pero placer y satisfacción son de calidades muy diversas. Hay en el placer como una cierta empresa personal que procura su gozo por vías que quizá no estaban previstas, sino que son inventadas en el acto mismo de elegirlas. Los placeres son fundamentalmente irrepetibles, aunque externamente respondan a pautas ampliamente compartidas: ni siquiera el egoísmo que goza en ellos puede identificarse y comparar unos con otros, desde la solidez de un sujeto estable. El placer sorprende cuando llega, sorprende hasta cuando ya era esperado, pues hay en él algo de indomable y salvaje que le hace aparecer imprevisible incluso al yo que le acechaba junto a su habitual abrevadero. El placer es tan irreductiblemente *particular* que el egoísmo no lo comparte con nadie, ni siquiera consigo mismo... La satisfacción que la forma idéntica proporciona, en cambio, responde siempre a cumplir cierta demanda previamente programada. En la identidad (institución, obra de arte, personalidad *coram populo*, gesto aislado y objetivado, pensamiento, etc....) se registran una serie de cóncavas urgencias que la producción estable va llenando hasta la línea de lo «bastante», procurando huir de lo «poco» y no incurrir en lo «demasiado». La promesa que la identidad garantiza se alza serenamente contra escasez y desbordamiento. Parte, por lo general, del establecimiento firme, objetivo y público de lo que se requiere y no pretende ni sabe conceder otro goce que el alivio que promete, por lo que no es tan celebrada cuando —como está previsto— llega a su cita como echada angustiosamente en falta cuando deserta de sus funciones y deja paso libre al dolor de lo necesario. Placer y satisfacción entran frecuentemente en colisión, pues las formas idénticas aseguran el permanente retorno de las satisfacciones al precio de un confinamiento creciente del no-querer singularizador del yo. El placer tiene que abrirse paso tropezando aquí y allá con las dificultades del proscrito, que se unen a las derivadas de la exquisitez misteriosa de su propia condición imprevisible. Por otra parte, la identidad nunca logra cumplir con total adecuación su compromiso con lo *bastante*, acosada por la violencia de la escasez y la violencia del exceso, en las que aparece el ímpetu demoledor del egoísmo postergado. Sólo parcialmente se alcanzan armonías transitorias entre los placeres desplazados por el asentamiento de las satisfacciones y éstas, imposibilitadas de alcanzar su perfección por el disconforme empuje del egoísmo. Pero ninguno de los dos contendientes puede triunfar sobre el otro definitivamente, ni sería en modo alguno deseable que tal ocurriese, como quieren los espíritus «nihilistas» (en el sentido nietzscheano de la invectiva), provengan de la escatología religiosa o del redencionismo político. Porque sin la satisfacción que la identidad asegura, la vida ciertamente no sabe mantenerse; pero sin los placeres en que el egoísmo se empeña, la vida no sabe por cierto que es vida.

Capítulo II

La voluntad como fundamento

El personaje faústico ha decidido que en el principio era la acción. Pero ¿qué fundamento tiene el establecimiento de esta afirmación inaugural? Es él quién lo ha decidido porque *lo quiere* así: se ha decidido a sí mismo al decidirse por la acción. El hombre activo es el hombre que quiere, que desea: el sujeto que afirma la acción como principio es fundamentalmente deseante. La afirmación inaugural de la acción se funda en el querer porque el sujeto que afirma consiste precisamente en su querer, quiere lo que afirma y afirma lo que (y porque) quiere. *Volo ergo sum*, según el dictamen de Agustín: quiero luego soy. Probablemente la línea más «subversiva» de la filosofía moderna (Schelling, Schopenhauer, Nietzsche, Stirner, Kierkegaard, Otto Rank, etc...) se centra en el retorno al originario «*volo ergo sum*» como núcleo más profundo y primigenio de la subjetividad que el «*cogito ergo sum*» cartesiano. Quiero *antes* de ser: pero no pienso, imagino, percibo, calculo o proyecto antes de ser. ¿Por qué? *Precisamente porque el primer propósito, el primer anhelo del querer es ser*. Querer es querer ser; y —apostillará Nietzsche— querer ser es querer ser *más*, querer acendrarse y ampliarse más en el ser. En último término, querer es querer ser plenamente, totalmente: ser del todo y el todo. Quiero luego soy porque no quiero primordialmente más que ser y soy mi querer y soy lo que quiero; consisto en querer ser.

Pero el querer, al ejercerse como tal, se determina y cada una de sus determinaciones le limita. El anhelo infinito, aunque no forzosamente «de» infinito, ha de medir su insaciabilidad con objetos siempre finitos, que no son más que lo que son. Objetos que, mientras no se consiguen, permanecen prometiendo, en el dolor de su separación, la plenitud que la insaciabilidad del querer busca, pero que luego, una vez conseguidos, se fraccionan miserablemente de la totalidad a la que ante el deseo representaban, y dejan fuera de sí todo lo que en ellos verdaderamente podía contar, lo en ellos querido, su tentación. Una piadosamente hagiográfica anécdota de Séneca, bastante ingenua por lo demás, puede servir ahora de ilustración. Se dice que el joven Séneca tuvo que defender como abogado novicio a un par de huérfanos. La madre, sumamente rica, dejó al odioso padrastro la administración de su fortuna con la única obligación de dar a sus hijos, cuando ella muriese, «lo que él quisiera». A la muerte de la madre, el padrastro desheredó, como era previsible, a los niños, y Séneca hubo de recurrir ante los tribunales contra él ateniéndose a la literalidad del testamento. En efecto, la última voluntad de la difunta estipulaba que el padrastro debía dar a los huérfanos «lo que él quisiera»; así amparado, el cruel heredero se negó a darles nada. Pero Séneca argumentó que lo que el padrastro quería era, sin duda, la riqueza toda de la difunta: y puesto que eso es lo que quería, eso es lo que según el testamento debía entregar a los huérfanos. Como lo quería todo, debía perderlo todo: así estaba literalmente establecido en el documento legal. Desde un punto de vista jurídico, la triquiñuela no parece demasiado sostenible, ni en la Roma de Séneca ni en ninguna otra parte. Pero como fenomenología del querer, la parábola es válida. Lo que quiero es lo que pierdo: lo quiero porque lo pierdo, lo pierdo porque lo quiero. El furor del querer no puede ser obturado, aquietado, por ninguna cosa, por ningún proyecto, por ninguna identidad. La cosa es lo que es, no difiere de sí misma; el querer consiste precisamente en ser lo que no es, en aspirar a ser, negando lo que se es. Lo que quiero, lo quiero como perdido, como ausente: lo quiero como *posible;* el objeto conseguido es el objeto definitivamente perdido, pues de él desaparece la posibilidad que el querer abría en su necesidad idéntica.

Querer es querer ser: querer ser del todo y el todo. En la plenitud y la totalidad busca el querer su aniquilamiento, su aquietamiento definitivo. Pero en esa aspiración insaciable todas las formas de ser y todos los seres van perdiéndose, abismándose irremediablemente. El querer infinito descubre que todo es finitud, que ninguna identidad reificada conserva la tensión de lo posible que el querer implanta, salvo como objeto perdido, como ausencia irrevocable. Niega así el querer, radicalmente, su identidad con cosa alguna; el querer quiere las cosas (entendiendo por cosas, objetos y, también, la realización de proyectos, el experimentar sensaciones, la adquisición de cualidades, etc.), pero no quiere ser ninguna cosa, salvo esa cosa posible, esa cosa ausente y venidera que aún no es idéntica definitivamente a sí misma y por tanto todavía no es cosa del todo. Quererlo todo para irlo perdiendo mejor todo, salvo el inaquietable corazón que quiere y quiere.* Ningún objeto, ninguna colección de objetos, ni siquiera el mundo mismo entero como la más completa colección de objetos posible (pero ya no posible desde que es vista como mundo, sino necesaria, acabada)

---

* "En última instancia, lo que amamos es nuestro deseo, no lo deseado" dice Nietzsche en *Más allá del Bien y del Mal.* Y los estoicos afirman: *"Voluntas ipsa voluptas".*

pueden brindarle al querer una identidad satisfactoria: en la necesidad idéntica, repetitiva, acotada, es el anhelo de lo posible lo que el querer pierde y, al perderlo, sabe de cierto que eso es lo único que quería y así anhela de nuevo, con más fuerza. Como dijo el apóstol, ¿de qué sirve ganar el mundo, si se pierde el alma?

El querer se niega a ser identificado con una cosa y así perder en ella el ímpetu sagrado de su posibilidad. Pero, a la vez, las distintas determinaciones de su realización concreta (la negación que supone cada determinación) van configurando un núcleo aglutinador, infinito en cuanto a sus anhelos, finito por sus opciones, sus logros y sus pérdidas. Este núcleo es *el yo* y constituye el resultado esencial del querer. El yo tiene forma y por tanto cierta identidad, como cualquier objeto, pero sigue siendo potencialmente infinito como el querer de que está hecho. De su comercio con lo necesario le vienen sus perfiles, pero sigue perpetuamente animado por lo posible, donde respira. En el yo como objeto infinito, como cosa que no es cosa (que es lo que no es y no es lo que es), como totalidad inacabada y abierta, contradictoria y coherente, encuentra el querer su más aproximada plenitud y también su mayor zozobra. Por el vínculo que le une con la coseidad y su identidad necesaria, el yo corre particular peligro de ser identificado con alguna de las acciones de que es sujeto, con alguno de los títulos que soporta, con los objetos que posee. Todo eso, ciertamente, es él, pero no solamente eso. Es también la posibilidad permanente de ir más allá de todo eso, de desmentir todo eso, de traicionarse o confirmarse. Si carece de una cierta forma, de una cierta identidad, el yo no le sirve al querer como trasunto del todo a cuya plenitud de objeto infinito aspira; si esa forma se esclerotiza y determina de modo efectivamente acabado, el yo pierde su virtual infinitud y recae en lo necesario, lo repetitivo, lo idéntico, olvidando la brecha transgresora de lo posible en que su propia entraña consiste. El querer pretende en el yo darse forma, reunirse en un núcleo total consigo mismo, pero también conservar su capacidad de rebasar cualquier forma y de crear una nueva más allá.

Lo que el yo quiere es ser, acendrar y amplificar su ser. Este no es un querer entre otros, sino su querer fundante y esencial. Ser, para el yo, es permanecer como un todo y abrirse juntamente a lo posible. Pero ninguna relación con cosas basta para cumplir este paradójico designio: en cuanto que identidades necesarias, obturan la viva posibilidad del querer; en tanto que objetos deseados permanecen siempre perdidos y desfondados en el anhelo, posibles aún pero incapaces de la plenitud de lo total. *La paradoja del yo no puede resolverse puramente en éste, ni tampoco en la relación del yo con cosa alguna.* El yo se desgarra a sí mismo y se duele en las cosas; necesita ser confirmado desde fuera, pero confirmado por algo semejante a él mismo, por otro objeto infinito fruto y víctima de su misma contradicción entre totalidad y posibilidad: en una palabra, el yo necesita, para ser plenamente yo, verse confirmado —esto es, reconocido— por otro yo. De este modo, el yo es un todo que tiene su totalidad fuera de sí o, mejor, que la recibe permanentemente desde el exterior; pero esa totalidad no es más que la proyección de un anhelo infinito, inabarcable, siempre activo y siempre deudor de lo posible, que lanza hacia fuera su deseo de plenitud y que configura frente a sí otro objeto infinito semejante a sí mismo. *Al reconocer otros objetos infinitos, el yo abre paso a la recíproca confirmación de su totalidad y abierta infinitud; al trabarse en comunidad con todos los restantes objetos infinitos (cada excepción es una mutilación del principio del que recibe su propia plenitud), el yo consigue la perpetuamente renovada satisfacción del querer, instituyendo —necesidad— un ser múltiple cuya realidad es lo posible.* Lo que el yo recibe en el intercambio con otros objetos infinitos (es decir, por llamar al objeto infinito con su verdadero nombre, con otros *sujetos*) es precisamente lo que él es capaz de concederles. Fundamentalmente, el reconocimiento brinda dos confirmaciones de la naturaleza del yo, que éste a su vez ha de reconocer como aspectos de todo objeto infinito o sujeto: primero, que su realidad escapa a toda definición por las conductas (por utilizar la expresión de Sartre), es decir, que no es identificable con ninguno de sus gestos o sus opciones concretas: de aquí la protesta de quién ha mostrado al amigo o a la amada el rostro con el que no desea verse identificado —«no me conoces, yo no soy así»— o el horror del delincuente (aún más, del condenado a muerte) obligado a verse determinado de una vez por todas por uno de sus actos, en el cual la sanción social quiere agotarle; segundo, que su actividad no está forzosamente condicionada por ninguna cosa ni por ninguna serie de cosas finitas, sino que es rigurosamente *autodeterminada*, por lo que no puede ser nunca considerada desde la perspectiva de la necesidad, de la mediación o de la pura instrumentalidad. Estas dos confirmaciones que el reconocimiento intersubjetivo aporta al yo sustentan los rasgos principales del querer totalizado y sin embargo abierto a lo posible: éste, en efecto, es *creador* y *libre*. Tiene límites, pero no como resultado de la aplicación de una idea inmutable, sino como fruto de las determinaciones que le vienen de su propia actividad; es infinito también, pero no al modo de vacua y brumosa ausencia de figura, sino como perpetua posibilidad de transformar lo que le rodea y lo que le constituye a resultas de actos anteriores; al abrirse a los demás sujetos por la afirmación de su infinitud (reconocimiento) realiza así, de modo inacabable pero que tiende a la plenitud, lo que más hondamente el querer quiere: arraigar su ser, aumentarlo, acendrarlo.

La pregunta radical en torno a la cual gira la ética no

es «¿qué debo hacer?», pues más allá de ésta siempre podrá preguntarse, como hacía Wittgenstein, «¿y qué pasará si no hago lo que debo?» o quizá «¿por qué debo hacer lo que debo?». El deber no es la última palabra ética, ya que también tiene que ser a su vez fundado: el supuesto de una suprema Ley inscrita asombrosamente en el corazón humano y cuyo respeto agotase la moral, no es a fin de cuentas más que un trasunto maquillado de la Ley de Dios sobre la que se asientan las heterónomas morales religiosas, como bien le reprochó Schopenhauer a Kant. Otros planteamientos, más naturalistas y escépticos, proponen, como pregunta originaria de la ética, la de «¿qué puedo hacer?», suponiendo básicamente que el hombre está mucho más condicionado y restringido en sus opciones de lo que suele aceptar y la moral quizá no es más que la lucidez con que aceptamos seguir... el único camino posible. La versión más sublime de este fatalismo racionalista es la formidable *Etica* de Spinoza. Pero o bien esta concepción destierra lo que Buñuel llamó «el fantasma de la libertad» y de tal modo que impone la ontología sobre la ética y acaba con la posibilidad específicamente moral (*vid.* capítulo cuarto de este mismo libro), o bien admite cierta diversidad de opciones en lo que puedo hacer, con lo que vuelve a ser exigible una fundamentación posterior de porqué elijo tal comportamiento posible en lugar de tal otro no menos posible. Ahora bien, hay una pregunta más allá de la cual en modo alguno puede descenderse y sobre la cual la ética se asienta con toda su firme fragilidad: *¿qué quiero hacer?* Es de mi querer esencial, no de un querer parcial o cosificado, sino del querer que radicalmente me constituye, de donde tienen que brotar mis normas y mis valores. Mi querer es mi deber y mi posibilidad: el deber es lo que el querer funda; la posibilidad, lo que el querer descubre. En cuanto deber, el querer reflexiona sobre su esencia propia —se simboliza— y establece la vía de mediación por la que ha de realizarse: formulación de la ley; en cuanto posibilidad, el querer afirma la no identidad esencial de lo real y lo necesario, la autenticidad autónoma —aunque no independiente— del hombre como causa: la decisión eficaz.

¿Qué es lo que quiero? Llegar a ser plenamente yo, es decir, ser no-cosa, mantenerme en una totalidad abierta en la que pueda confirmarme como autodeterminación, o sea, como creación y libertad. ¿Qué debo hacer para conseguirlo? Ser reconocido —identificado— por otro objeto infinito —por otro sujeto— al que a mi vez haya reconocido como tal. ¿Cómo puedo lograrlo? Instituyendo una comunidad de sujetos de la que ningún objeto infinito quede por principio excluido, en la que se pacten relaciones de auténtica y explícita reciprocidad y donde a nadie le sea menoscabada ni vedada la realidad de lo posible.

Capítulo III

La relación con el otro

Lo que el yo quiere es reconocimiento de su abierta totalidad creadora, es decir, relación de mutuo apoyo y estímulo con otro yo. Para ello es preciso conseguir una comunidad social en la que la voluntad de reconocimiento y la autodeterminación humanas hayan encontrado una adecuada institucionalización. Según la propia conciencia de la intimidad infinita se va haciendo clara, va ampliándose, la exigencia de reconocimiento que en principio estaba reducida a un pequeño grupo de sujetos próximos. No me basta el reconocimiento por mis parientes cercanos, por mis vecinos, por mi tribu o mi nación, porque en todos estos casos el reconocimiento no es la confirmación incondicionada de mi infinitud, sino que depende de mi identificación con un determinado esquema a cuya limitación debo someterme. Soy reconocido en tanto hijo, o en tanto socio o paisano, o en tanto amante, pero no en cuanto totalidad autodeterminante que puede soportar cualquiera de esas caracterizaciones, pero también desmentirlas o rebasarlas todas: se me fijan unas *condiciones de humanidad* sin las cuales no seré admitido como objeto infinito o se me otorgará sólo el reconocimiento cruel de la violencia. La relación ética tiende por esto obligadamente a la *impersonalidad* y al *cosmo-*

politismo y va acentuando estas características según se va haciendo más refinada. De la debilidad que tal abstracción puede propiciarle hablaremos más adelante. Por la impersonalidad, el reconocimiento se desvincula de unas determinadas características ideológicas, familiares o raciales; por el cosmopolitismo, va más allá de cualquier concreto marco geográfico o de cualquier identidad nacional.

Pero la relación ética no es la única posible con el otro; tiene, a nuestro modo de ver, el privilegio de ser la que más críticamente busca su arraigo coherente y consciente en lo que el hombre quiere y en lo que el hombre es, o sea en lo que quiere ser. Los diversos tipos de relación con el (o con lo) otro pueden graduarse según una creciente reciprocidad y una mayor igualación de los sujetos relacionados. En primer término, puede considerarse la relación con lo absolutamente otro: con el dios, con la tempestad o con la fiera, con lo inhumano (también con lo prehumano o con aquello que por enfermedad o atroz transformación ha perdido la posibilidad efectiva de la humanidad), con el permanente asombro de la naturaleza. Es la relación con aquello que está en otro plano del ser, con lo cual la igualdad no existe en modo alguno y la reciprocidad, cuando la hay, es misteriosa. La forma de esta relación es *la piedad* y el ámbito simbólico/operativo en que se ejerce puede ser llamado genéricamente *religión*. En la piedad se dan los rasgos de la veneración, de la confianza y de la promesa; el hombre se extrae del orden de lo utilitario y se reconoce parentescos que le abruman, pero que también secretamente le consuelan. Por la piedad nos inclinamos temblorosos ante algo que no tiene nuestra escala ni se mide por nuestros propósitos, algo que juntamente nos acoge y requiere nuestra protección, algo de lo que nos viene un vigor incorruptible y también la certeza de nuestra fragilidad esencial, azarosa y aniquilable. De la piedad volveremos a hablar en la tercera parte de este libro, al referirnos a lo sagrado.

Un segundo plano de la relación con el otro establece ya el mutuo reconocimiento de las autoconciencias humanas, pero como necesariamente enfrentadas. Los sujetos se *retan a desafío* implacable y es aquel que logra vencer el apego natural a la vida y arrostrar sin bajar los ojos la mirada de la muerte el que se impone como amo al otro. La descripción fenomenológica del proceso y su posterior reversión dialéctica ocupó a Hegel en páginas que sería pueril pretender mejorar. La forma de este nivel de relación es, pues, *la violencia* y el ámbito simbólico/operativo en que se ejerce es lo que llamamos *política*. Se da aquí un reconocimiento de lo humano, como hemos dicho antes, pero se trata exclusivamente de un reconocimiento *del* otro, no *en el* otro. Reconocimiento del otro, es decir: de arriba abajo, reconocimiento de la sumisión del otro, de su derrota y de las posibilidades instrumentales de su bajeza como herramienta animada; de abajo arriba, reconocimiento del valor del otro, de su fuerza y su dominio, de su derecho incontestable a ser obedecido y a imponer las normas. En ambos casos se trata de un reconocimiento jerárquico del rango que cada cual ocupa en la gradación social: la desigualdad es de rigor y tenderá a enraizarse lo más posible en lo «necesario» (el «orden de las cosas» como «natural», «querido por Dios» o «biológicamente fundado»); la reciprocidad de prestaciones es obviamente asimétrica y está codificada de un modo siempre coactivo, que sólo se modifica tras nuevos choques violentos. Este reconocimiento jerárquico no responde suficientemente a la confirmación del propio yo como totalidad abierta y autodeterminada que el querer de cada hombre busca, pues unos no conceden a los otros la infinitud y, por tanto, sólo pueden recibir de ellos servicios mecánicos, pero no auténtico refrendo de su humanidad (ya que ninguna cosa puede confirmarme como no-cosa), mientras que los otros reconocen, sí, la infinitud del querer pero como algo exterior, ajeno, que no les es propio o que les ha sido robado. La violencia no es una relación específicamente humana, pues también puede ser ejercida contra los animales o contra otras fuerzas de la naturaleza, por lo que no hay nada de intrínsecamente humanizador en ella. Es útil, pero para fabricar útiles, no sujetos: sirve como mediación en el orden de las cosas, pero no permite trascenderlo. En una palabra: *la violencia no sirve tanto al hombre cuanto a la parte no humana, cosificada, que hay en el hombre*. Sólo dentro de cada uno de los rangos jerárquicos los hombres se reconocen con cierta igualdad y reciprocidad, pero también ese reconocimiento está viciado por la necesaria negación de los otros niveles como excluidos de la isonomía. Sin embargo, de ese comienzo de pleno reconocimiento que se da en la fraternidad rapaz de los señores entre sí y en la colaboración solidaria de los siervos entre sí, nace lo que, dentro mismo de la violencia, aboga por la mitigación histórica y la supresión utópica de la violencia, es decir, la relación ética.

En este tercer plano de relación con el otro, el reconocimiento ya no se limita a discernir el rango jerárquico que el oponente ocupa en la escala social, ni le concede la infinitud autodeterminante del querer pero como abolida o suspendida por el temor natural a morir (o se la concede y se la niega juntamente a sí mismo por las mismas razones). Se da aquí un reconocimiento *en* el otro y no solamente *del* otro, mediante el cual cada yo constata fuera de él y frente a sí su propia autodeterminación y quiere ese ajeno querer como objeto infinito. No reconozco al otro como algo acotado, clasificado, dado de una vez por todas y apto solamente para determinados usos o servicios, sino como disponibilidad sin límites, como capacidad creadora que transgrede y metamorfosea toda forma. Pues es precisamente su inadaptación a cualquier forma dada lo que reconozco, su santa madurez inacabada, su permanente disposición para la novedad y su capacidad de desmentirse: es decir, le concedo aquellas facultades autodeterminantes que quiero a mi vez para mí, como vía por la que evitar la identidad cosificadora. *El reconocimiento en el otro nace de un egoísmo plenamente lúcido y consecuente.* Al confirmar al otro como no-cosa, me resisto a ser identificado con una cosa, aunque sea una cosa dominante; rechazo mi definición total por cualquier serie de avatares políticos, históricos o por cualquier otra circunstancia que se quiera presentar como insuperable. Me reconozco en el otro, es decir: tal como yo, el otro no es lo que es (todas las formas que histórica y socialmente adopte o le acaecen no son necesarias, no responden irremediablemente al orden divino ni a la disposición natural) y es lo que no es (puede sin cesar transformarse, inventar, elegir de nuevo, salvarse o perderse, sorprenderme). Lo que reconozco en el otro, para a mi vez ser reconocido del mismo modo, es su humanidad, o sea, lo que tiene de perpetua ofrenda a lo posible. El poeta Auden, en el primero de sus *Sonetos desde China*, habla de cómo las diversas cosas naturales (abejas, truchas, melocotones, etc...) recibieron desde la primera hora su ser definitivo, y quedaron satisfechas «de estar en lo cierto y conocer su posición por toda la eternidad».

«Hasta que finalmente apareció una criatura infantil
sobre la cual los años podían modelar cualquier caracte-
[rística,
simular, a gusto del azar, un leopardo o una paloma,
que se veía rudamente sacudida por la más suave brisa,
que buscaba la verdad pero estaba siempre equivocada,
y envidiaba a sus escasos amigos, y elegía a su amor.»

En el ámbito simbólico/operativo de la *ética,* la forma de la relación es *la comunicación racional,* pues en ella se objetiva la máxima reciprocidad y una igualdad intrínseca que permite todas las diversidades concretas. Los interlocutores se comunican, es decir instituyen el reconocimiento de la autodeterminación del otro en forma de asentimiento o disentimiento; al aceptar la racionalidad lingüística, con toda su infinita riqueza de formas persuasivas y expresivas, acatan una palestra común en la que cada cual mostrará su consideración por el otro al someter sus propias opciones a consideración. Evidentemente, la comunicación racional *no es* la ética, de cuyo contenido específico hablaremos en la segunda parte de este librito; pero es la forma general que adopta la relación ética, pues la confirmación que busca la totalidad abierta y autodeterminada precisa de la forma más universal e impersonal, no puede someterse a una relación particular en la que se recorte y condicione su infinitud. Al comunicarme racionalmente con el otro, admito y proclamo en él la disponibilidad creadora de mi propio espíritu, cuya objetividad se consolida efectivamente a partir de la *publicidad universal* de tal comunicación. Insistir en la *racionalidad* de dicha forma es hacer patente que se admiten determinadas reglas convencionales y coherentes entre sí que aseguren la plena reversibilidad del mensaje y el asentamiento suficientemente aprehensible de su significado. En resumen, *mantener una relación ética con los otros en estar siempre dispuesto a concederles la palabra y a poner en palabras lo que exigimos de ellos, lo que les ofrecemos o lo que les reprochamos.**
Lo único que nadie puede explicar a otro es la necesidad

---

* Debe entenderse *palabra* del modo más amplio. Una de las firmas características de la comunicación nacional es el *don,* el regalo y el intercambio. Dar un bien en lugar de causar un mal, o sea, sustituir la guerra por el trueque es uno los pasos éticos fundamentales de la humanidad.

que hay de convertirle en cosa, en instrumento contra su voluntad: y ello porque lo que se explica puede suscitar el asentimiento, la duda o la refutación, movimientos todos que ninguna «cosa» puede hacer. Quien accede a poner incluso su voluntad de dominio en palabras ya está aceptando una cierta igualdad con su interlocutor y por tanto comienza a alejarse de la violencia, pues ésta se ejerce *contra lo otro del otro*, mientras que el lenguaje descubre *lo mismo del otro*. La relativa instrumentalización que hacemos unos de otros en la sociedad (y cada cual de sí mismo en el trabajo productivo) y que se convierte en franca manipulación bajo la coacción violenta, se trasciende, por el contrario, a colaboración libre mediante la efectiva aceptación de la palabra del otro en la relación ética. Pero de ello hablaremos en el último capítulo de la segunda parte; también dejaremos para más adelante el estudio de una cuarta forma de relación con el otro, el *amor*, en cuya complejidad enigmática se funden la piedad, la violencia y la comunicación.

El supuesto básico de la ética, en cuanto ésta pretende funcionar como puesta en práctica racional de lo que en realidad los hombres quieren, podría plantearse así: los obstáculos que interfieren la eficaz confirmación de mi yo (fragmentación contradictoria que aniquila la concentración máxima de mi esfuerzo, identificación cosificadora que me cierra la amplitud de lo posible) son los mismos obstáculos que me separan del otro y me enfrentan a él; lo que me reúne conciliatoriamente con el otro (sin extirpar mi divergencia polémica con él) me devuelve también la integridad de mí mismo, mi totalidad abierta. No hay ética más que frente a los otros: se trata de un empeño rabiosamente social. Frente a los otros y entre los otros; si por hipótesis de laboratorio me extirpo de toda compañía y sigo considerándome bajo la perspectiva ética, *lo hago en tanto sigo dialogando conmigo mismo como representante del otro abolido en quién he de hacerme humano.* Aquí no caben trampas: la autonomía, la altiva integridad, la excelencia... no valen salvo respecto a los otros. Por ello, y aunque almas piadosas y en cuanto tales estimables gusten de confundir los campos, no hay relación ética más que con hombres; los besugos, las acacias y los dioses escapan a mi competencia moral. Un pesimista ético, Tomás Hobbes, estableció como irremediable divisa *homo homini lupus;* el materialista teológico (valga la redundancia) más consecuente de la historia de la ética, Benito Spinoza, quiso algo aún más difícil y peligroso, jubilosamente desconsolador: *homo homini deus.* Pero ni lobo para el hombre ni dios para el hombre, yo os digo *homo homini homo* y aquí creo ver la obvia (pero casi siempre oculta) raíz de la ética, pues es el hombre hombre para el hombre, es el hombre lo que hace hombre al hombre, en lo que se confirma como hombre, y merced al hombre se abre el hombre a la infinitud creadora y libre, y de este modo logra ir más allá del hombre.

Capítulo IV

Posibilidad de la ética

En uno de sus aforismos, Nietzsche se pregunta por qué los escépticos desagradan a la moral y responde con la contundente lucidez de sus mejores momentos: «El que coloca muy alto su moralidad y la toma demasiado en serio se encona con el escéptico en moral, pues cuando pone toda su fuerza en juego exige que se *extasíen* ante él y no que examinen sus actos y se dude de ellos. Hay también caracteres a los cuales todo lo que les queda de moralidad es precisamente la fe en la moral; éstos se conducen de la misma manera respecto de los escépticos y, si se quiere, con más encono aún». Cabe la fundada sospecha de que la fascinación prestigiosa de la moral se cimenta, como tantos otros prestigios, en la falta de examen crítico. El escéptico es un aguafiestas porque levanta los faldones de la mesa-camilla ética para ver el brasero con el que los virtuosos se calientan los pies y las patadas de aviso que se cruzan fuera de la vista del público. Lo que revela ese gesto irreverente puede resumirse en una sola palabra: hipocresía. Analizados sin concesiones, los movimientos más sublimes del deber moral y hasta la virtud misma se descubren como trenzados con mimbres más que dudosos, se diría, a veces, que incluso abyectos. Hacer profesión desafiante de virtud puede ser el maquillaje de una incurable debilidad o de una rencorosa bajeza que engoladamente se proclama superior a lo más alto. «El que coloca muy alto su moralidad», aquel «a quién todo lo que le queda de moralidad es su fe en la moral», éstos son los que se enconan —según Nietzsche— contra el escepticismo desmitificador. Y sin embargo... sin embargo, al menos desde el punto de vista sostenido en este libro y a este concreto respecto (expuesto fundamentalmente en el próximo capítulo), quién tiene tan elevada opinión de su excelencia moral que requiere para ella éxtasis y no análisis y aún más quién ya no tiene otra moralidad que la inamovible fe en la moral, éstos enemigos del escepticismo moral, digo, muestran por cierto en este punto de su actitud una notable perspicacia ética: pues lo único que moralmente vale sin restricción alguna es precisamente esa *voluntad de valor* que ellos exhiben tan impúdicamente.

Nietzsche no se refiere a quienes, no creyendo en la eficacia de la virtud, *fingen* ser virtuosos: ésta es una hipocresía trivial, una banalización de la mala fe. No, aquéllos cuya posición el escepticismo puede socavar son precisamente los que creen de veras en la virtud, los que quieren sin dolor ser virtuosos... el escepticismo es mortal enemigo de éstos porque se atreve a revelar que *pese a todo* se engañan. Nietzsche sabe muy bien que sólo hay una forma de ser auténticamente ético, a saber: *creer en la posibilidad eficaz de la virtud;* la moral no es tanto una forma de obrar como *una manera de querer*, según enseñó nuestro padre Kant. Ahora bien, lo que nos mueve a creer en la virtud no puede ser la virtud misma; lo que impulsa a querer moralmente es algo previo al acatamiento del principio de moralidad. En una palabra, *la moral es un propósito que surge de lo que no es moral*. Aquí se lanza a fondo el escepticismo, sacando a la luz que algo radicalmente no ético, opaco, sin parentesco alguno con la virtud, subyace y propulsa el ímpetu virtuoso; esta tarea de zapa le gana el encono bienpensante de quienes no toleran que se degrade su voluntad de valor. Sin embargo, quizá detrás de este encono pueda haber un reproche especulativamente justificado. La falta del escéptico pudiera no ser tan sólo sembrar zozobra entre unos filisteos ingenuos y pomposos, sino más bien no entender de qué va el propósito moral en su concepto mismo. El método del escéptico es analizar en sus diversos componentes lo que aparece como única opción ética, hasta disolver ésta en elementos que no son morales ni encierran decisión voluntaria alguna. Quién cree que es moral *ab initio* se engaña, concluye triunfalmente el escéptico; *en el fondo* —fórmula incantatoria de todos los reduccionistas— el proyecto moral no parte del deber, ni de la elección consciente, ni de ningún otro movimiento anímico moralmente respetable, sino de todo lo contrario: del egoísmo, de lo mecánico, de aquello que avergüenza a nuestra racionalidad. Respecto a la culpabilización de la voluntad que aquí se encierra, léase lo que antes hemos dicho sobre el egoísmo como auténtico fundamento del proyecto ético. Pero lo más importante es que el escéptico se equivoca de raíz en su planteamiento, porque *la ética no es un comienzo, sino un resultado;* no es una disposición innata ni un impulso espontáneo, sino una conquista; no pretende ser una descripción positiva de la conducta, sino que propone un *ideal*.

Pero el problema de fondo, insistirá el escéptico, es que el propio discurso moral, en cuanto tal, no vale: se trata de una transcripción falsamente coherente, demasiado inteligible y autocomplaciente, de algo escrito desde pérdidas y lagunas formadas por lo que la conciencia ignora o reprime. *En el fondo*, insiste nuestro incurable reduccionista, ahora consciente profeta de lo inconsciente, el discurso moral no cuenta más que en tanto síntoma de una realidad pulsional que sólo a través de la engañosa claridad explícita sale a la luz, para desmentirla.

De nuevo se da aquí más importancia a los elementos de la construcción que a la construcción misma: puesto que cada hombre ignora sobre sí mismo mucho de lo que puede ser sabido, lo que sabe no vale salvo como paradójico *memento* de mala fe; puesto que en mis elecciones intervienen elementos que yo no dispongo ni creo, nada es tan irrelevante en ellas como la pretensión de proclamarlas *mías*. Las piezas reunidas en la abierta totalidad del yo que se propone la ética son pulverizadas por un análisis disgregador que sabe siempre más que el conjunto de su objeto porque le niega a éste el derecho y la posibilidad de testimoniar sobre sí mismo sin trampa o error. De ser obscurantistamente marginado como una hipótesis absurda, el inconsciente triunfante se ha visto ascendido a hipóstasis de lo absurdo. Hay tanta sutileza y tanto rigor científico en dar cuenta de las actitudes morales por el juego mecánico de las pulsiones inconscientes como en decretar que el arte de Rembrandt estriba, *en el fondo*, en la composición química de los pigmentos que utilizó. Frente a quienes reducen los ideales religiosos o éticos a los vapores producidos por la putrefacción sublimada de pulsiones sexuales estranguladas en el jardín de infancia, argumentaba así el psicoanalista C. G. Jung: «Este razonamiento correspondería, en física, a una explicación de este tipo: puesto que la electricidad es producida por una cascada, que se ha embalsado y derivado hacia las turbinas mediante un acueducto, ella no es, en suma, otra cosa que un salto de agua atrofiado por la cultura. Esta argumentación, que cuadra perfectamente con un llamamiento en favor de la preservación de las bellezas naturales, está desprovisto de todo rigor científico».

Una cierta *via modernorum* ha olvidado algunas de las más palmarias verdades que sustentan el edificio intelectual que habitamos desde los días griegos, por lo que a riesgo de parecer perogrullesco hay que recordarlas: por ejemplo, la verdad de que es más interesante, arriesgado y difícil el orden que el desorden; o la de que lo asombroso y mágico es la conciencia, no el inconsciente. No se trata de recusar los componentes pulsionales y los funcionamientos inasimilables a la conciencia que el psicoanálisis descubre y estudia, pues forman una parte frecuentemente muy válida de la compleja mitología contemporánea. Pero lo que ya no es aceptable es que el inconsciente (por englobar en un solo término prestigioso instancias muy diversas) se presente como la realidad *más profunda* en el orden teórico o ni tan siquiera en el orden psíquico, salvo por una metáfora arqueológica que desde hace ya no poco tiempo es más dañosa que ilustrativa. En el ámbito del saber, lo más profundo es aquello que puede dar cuenta de lo otro y de sí mismo, siendo este proceso no reversible inmediatamente: pues bien, tal es el caso de la conciencia, pero no de lo inconsciente. Y en el ámbito de la acción y del querer, la decisión y el proyecto son más profundos (precisamente por ser resultados) que los arrebatos instintivos o las presiones incontrolables de la elementariedad psíquica (por no hablar de las programadas urgencias genéticas cuyo «egoísmo» o «altruísmo» preocupa al candoroso cinismo de ciertos sociobiólogos). En sus *Crónicas de Babel*, dice admirablemente Roger Caillois (al que me permito en un par de ocasiones subrayar): «La profundidad, cuando se trata del alma, es comprenderla en su más vasta apertura, sin desdeñar nada de sus sombras ni de sus luces. Pues no **comienza a nivel** del suelo, como la de los pozos o las alcantarillas. ¡Qué ilusión, estimarla completamente subterránea! Se extiende en los dos sentidos y junta el abismo con la altura. *Hay más profundidad en la voluntad que en el instinto.* (...). Sospecho que hay quién se ha formado una idea muy ingenua de la profundidad, imaginando que toda ella reside en el instinto o en las vísceras, en la demencia o el frenesí. Pues bien, no hay nada más pobre ni de menos espesor que tales movimientos esclavos.

La profundidad está allí donde el hombre compromete más de sí mismo, lo que no sucede más que en el momento en que entran en juego sus más altos poderes: inteligencia, voluntad y dominio de sí. Son ellos los que engendran esos pudores y esos artificios, esas especulaciones y esas coerciones, esos orgullos y esas piedades, todos esos imprudentes edificios a los que a veces se reputa de superficiales por no venir dados de buenas a primeras, por costarle al hombre muchos esfuerzos y cálculos, por permanecer frágiles. *Pero en su temeridad reside su profundidad.* Y ésta se acrecienta solamente con la altura a que logra alzarlos: el nivel de los cimientos nada cambia.»

A fin de cuentas, el escéptico de lo que duda es de la fuerza de lo posible frente al peso agobiante de lo necesario: no es escéptico quién desconfía de la aparente bondad de los buenos (tal desconfianza ya supone una bondad auténtica y además la hipocresía es también una categoría moral» * sino quién por una u otra vía considera la libertad de elección como el disfraz o la guarida de lo irremediable. Dudar de que el hombre elija libremente viene a equivaler, a fin de cuentas, a dudar de que sea un ser

---

* Por otra parte, la pasión *judicial* que pretende establecer inequívocamente la verdadera intención moral y librarla de adherencias mecánicas o impurezas biológicas debe saber que su propósito es descartable de antemano. En una nota al célebre pasaje de su antinomia de la razón pura, donde trata la distinción entre carácter empírico y carácter inteligible (por medio de la cual pretende hacer compatible la legalidad causal sin excepciones de lo fenoménico y la incondicionalidad libre de la cosa en sí a la que luego Schopenhauer llamará *voluntad*), establece inequívocamente Kant: "La verdadera moralidad de nuestros actos —mérito y culpa—, incluso la de nuestra propia conducta, permanece, pues, oculta para nosotros. Nuestras imputaciones sólo pueden referirse al carácter empírico. Cuál sea en este carácter la parte que puede considerarse como puro efecto de la libertad y cuál la debida a la simple naturaleza y al defecto, no culpable, de temperamento, es algo que nadie puede averiguar. En consecuencia, nadie puede tampoco juzgar con plena justicia" (*Crítica de la razón pura*).

realmente activo, es decir *activo en sí y para sí*. Como en todos los momentos verdaderamente cruciales, la filosofía nos falla: no hay ningún argumento irrefutable a favor de la voluntad libre ni en contra. Habrá que decidirse *de otra manera*... Me muevo o soy movido; quiero o acepto; es la luz lo que me atrae, la sombra lo que me empuja o el brío pensativo de mi alma lo que opta por una u otra posibilidad. Sabemos, eso sí, que ninguna conciencia puede seguir siéndolo si se le priva de autodeterminación, según el razonamiento que nos propuso Sartre: «Una conciencia determinada, es decir, motivada en exterioridad, se convierte ella misma en exterioridad y deja de ser conciencia» (*El ser y la nada*). Pero bien pudiéramos asumir que la conciencia fuera simplemente «un síntoma», como observó en cierta ocasión Freud. Quizá lo más agudo respecto al libre albedrío siga siendo lo escrito por Schopenhauer, que pretendió conciliar en su paradójico sistema el más inexorable determinismo y la más indomeñable libertad. Para Schopenhauer, el poblema de la autodeterminación no consiste en si puedo hacer lo que quiero, *sino en si soy libre de querer lo que quiero*. Por un lado, no puede haber contraposición entre lo que quiero y lo que soy, puesto que soy precisamente mi querer; por otro lado, puesto que soy lo que quiero, no puedo además querer ese querer que soy, me veo sometido a esa individualización de la libertad en mí que se llama *carácter* en el sistema schopenhaueriano. La mayoría de los fatalismos condenan la autodeterminación humana desde la exterioridad: somos lo que hacen de nosotros y con nosotros la biología, la economía, la historia... La originalidad de Schopenhauer fue sospechar que pudiéramos estar condicionados *desde dentro*, por la voluntad misma: ésta fue la vía que luego prosiguió Freud y el psicoanálisis. Quizá no haya mejor ilustración de lo que supone la maldición del carácter que aquella parábola contada por Orson Welles en *Mister Arkadin*: un escorpión propone a una rana que le cruce sobre su lomo al otro lado del río; la rana se niega, recelosa del mortífero aguijón y el escorpión la tranquiliza diciéndole que nada ha de temer, puesto que si la pica, él será el primero en lamentarlo ya que se ahogará; víctima de la persuasión lógica, la rana acepta a su venenoso pasajero y en la mitad de la corriente recibe el mortal puyazo: «¿por qué?» pregunta agonizante el pobre batracio y el otro, que también se dispone a morir, responde «lo siento, no puedo remediarlo, está en mi naturaleza...»

Determinismo inexorable del carácter, coacción de la historia o de las circunstancias político-económicas, quizá de los astros o de las profecías, como antaño se creyó. Mientras los filósofos dudan y se debaten contradictoriamente o escuchan a los escépticos, los poetas no se resignan, sobre todo los poetas dramáticos, obligados a contar acciones y por tanto a defender la libre posibilidad del hombre. En *La vida es sueño*, dictamina Calderón:

> «Pues aunque su inclinación
> le dicte sus precipicios,
> quizá no le vencerán,
> porque el hado más esquivo,
> la inclinación más violenta,
> el planeta más impío,
> sólo el albedrío inclinan,
> no fuerzan el albedrío.»

«Quizá no le vencerán»; y Macbeth es aún más rotundo, Macbeth que ni siquiera se entretiene en generalizar sobre el libre albedrío cuando llega el momento decisivo, con su palacio invadido por los enemigos, tras haber visto subir el bosque de Birnam a la colina de Dunsinane y frente a la espada retadora de Macduff. «Pierdes el tiempo —le dice Macbeth— pues se me ha profetizado que ningún hombre nacido de vientre de mujer puede nada contra mi vida». Entonces Macduff le revela que fue arrancado antes de tiempo del vientre de su madre y el hado vuelve toda su oscura certeza contra el tirano, pero no le abate. «¡Aunque el bosque de Birnam haya venido a Dunsinane y tú no seas dado a la luz por mujer, lo arriesgaré todo! ¡Lucha pues, Macduff, y maldito quién primero grite: basta, cuartel!». «Lo arriesgaré todo» es la versión que da Astrana del original *«Yet I will try the last»*, el grito desesperadamente esperanzado que marca toda la específica novedad de la tragedia moderna respecto a la clásica griega. Aunque los más ominosos presagios se cumplan, aunque todas las fuerzas naturales o sobrenaturales hayan dicho ya desde siempre y contra mí, contra mi proyecto o mi deseo, su irrevocable última palabra, aún me queda algo, aún hay algo en mí que sabe de lo posible y apuesta por ello. *«Yet I will try the last»*... y «quizá no me vencerán». En esto estriba lo que en lenguaje de la calle se llama «tener mucha moral», «tener la moral alta» y que es una de las más rigurosas y clásicas utilizaciones del término que imaginarse puedan. Pues para «ser moral» en el más ortodoxo y normativo uso del término, lo primero, lo básico, lo imprescindible, es «tener mucha moral», «tener alta la moral». Cierto, teniendo alta la moral se puede ir contra los principios morales y optar así por la inmoralidad, por el «mal», como muestra el caso del usurpador y asesino Macbeth; pero quién no tenga mucha moral, moral alta y altiva, quién tenga la moral exánime por ciencia o exceso de paciencia y ya no crea en lo posible... éste ha perdido toda disposición moral y ya no será digno ni del mal que haga.

«El olvido más corriente es el de lo posible», constata Michel Šerres en un precioso artículo reciente (*Noise*, en «Le Débat», n.º 15). Y sin embargo, alguien debe permanecer siempre como centinela y vigía de lo posible olvidado: tal es precisamente el papel del filósofo, contra lo que hayan afirmado o puedan afirmar los chantres de la necesidad de lo necesario. «El filósofo tiene por función, el filósofo tiene por cuidado y pasión proteger al máximo lo posible, preserva lo posible como si fuera un niño, lo mima como a un recién nacido, es el guardián de las semillas. El filósofo es el pastor que apacienta, en las alturas, el vario rebaño de los posibles, ovejas encintas y toros estremecidos, el filósofo es jardinero, cruza y multiplica las variedades, salvaguarda el macizo forestal primitivo, lo cuida en tiempos de tormenta, portador de los tiempos nuevos de la historia y de la duración, vacas gordas y vacas flacas, el filósofo es el pastor de las multiplicidades.» Pero ¿no es precisamente la tarea filosófica por excelencia reivindicar ante todo la racionalidad de lo real, que es tanto como decir la necesidad de lo real, la inexorabilidad matemática de lo real? «El filósofo deja decir que lo real es racional, pues deja decirlo todo, incluso estupideces y crueldades, deja decir que lo racional es lo único real. Lo deja decir; y, ay, lo deja hacer». Pero lo cierto es que lo racional es una de las posibilidades de lo real, precisamente la posibilidad que se quiere única, la posibilidad monoteísta. El filósofo debe defender a lo real de la racionalidad, pues sabe que *la realidad no es racionalidad, sino posibilidad*. Quienes «hacen» la racionalidad de lo real actúan como quién pone asfalto en el camino para convertirlo en el único camino, en el verdadero camino, en el camino imprescindible. Para el viejo racionalismo de la necesidad inexorable y matemática, la razón es el asfalto del mundo, como la filosofía del lenguaje es el asfalto del sentido, el psicoanálisis es el asfalto de la conciencia y de lo inconsciente, la teoría de la historia o de la política son el asfalto del tiempo. Pero olvidar lo posible no anula la posibilidad y el filósofo es el encargado de desasfaltar la razón y devolverle su necesario polimorfismo... lo cual, por cierto, no tiene nada que ver con reivindicar ese otro asfalto de la pereza y la charlatanería que es el irracionalismo. Más bien se trata de volver a tomar conciencia explícita de la multiplicidad abierta de lo real. «Lo múltiple es abierto, de ahí nace la naturaleza que siempre está naciendo y naciendo. No podemos saber lo que va a nacer de ahí: no podemos saber lo que encierra. Nadie sabe, nadie ha sabido nunca, nadie sabrá jamás como un posible coexiste con otro posible, y quizá coexiste por medio de una relación posible. El conjunto está atravesado por relaciones posibles.»

La ética, como dijimos antes, no presenta una descripción exterior de la conducta humana, sino que propone un *ideal*. Y el ideal es algo más, bastante más que una idea o que una articulación de ideas: Hermann Nohl, en su *Introducción a la ética*, dice que «el ideal es la fuerza alegre». Pertenece el ideal al campo de la imaginación simbólica, que no es opuesto, contrario o excluyente de la racionalidad, sino que la engloba, la precede y la trasciende. La racionalidad desasfaltada, polimorfa, es intrínsecamente imaginativa. *El ideal ético es la explicitación racional del símbolo de la totalidad abierta y autodeterminante que nuestro querer se propone llegar a ser, para huir de la identidad cosificadora*. Como todo símbolo, es una expresión espontánea de la implantación de la subjetividad en el mundo y posee, según señala Paul Ricoeur, tres dimensiones: cósmica, onírica y poética. Ninguna de las tres puede ser suplantada ni «reducida», todas nos reclaman en el momento originario que cada acción inaugura. La esencia del ideal es precultural, pero todas sus explicitaciones y realizaciones efectivas son productos culturales y deudoras de la historia. Su contenido práctico es mantener siempre abierta la vocación de lo posible; o, si se prefiere, hacer que el hombre no se reifique definitivamente y permanezca pugnazmente humano. Se mantiene así la eterna marcha de lo que no sabría detenerse sin perecer. Para Gilbert Durand, «la imaginación simbólica tiene por escandalosa función general *negar éticamente lo negativo*»; la ética, como vamos exponiendo, se ocupa por su parte, de desarrollar prácticamente la imaginación por medio de la afirmación de lo posible. Ambas misiones responden, se diría, a ese movimiento juntamente objetivo y subjetivo, inmisericorde y vivificador, que en su día se llamó *dialéctica*.

Segunda parte
La razón moral

Y EN EL PLANO AS-TRAL...
¡ENNIS TREMELLIN, QUIETO!
¿QUIÉN...?
SOY EL DR. EXTRA-ÑO! PROTECTOR JURA-DO DE LA ESFERA MORTAL.
¡TONTO! ¡YO SOY EL GRAN SACERDOTE DE AHRIMAN... Y TU AMO!
SI NO PUEDES SIQUIERA SER AMO DE TUS PASIO-NES... ¿CÓMO PUEDES ESPERAR DERRO-TARME?
¡TE VEN-CERÁN LOS RA-YOS CONTRA EL MAL!
¡BIEN! ¡ESTO PONE AL DES-CUBIERTO LA LEGEN-DARIA DISCIPLINA DE LOS ANTIGÜOS!
¡TÚ NO ERES UN ESPÍRITU... ERES LA FORMA ASTRAL DE UN HE-CHICERO VIVIEN-TE!

Capítulo V

La voluntad de valor

El ideal ético es una categoría polarizadora de la fuerza propia y de las acciones que de ella provienen. No se superpone nunca exactamente a lo real concreto porque no se trata de una identidad, es decir, porque no es *cosa* en modo alguno; no es nada que determinado hacer pueda lograr y dejar ya hecho para siempre: se parece más bien al hacer mismo, porque se mantiene permanentemente abierto a lo posible.* El ideal no puede realizarse de una vez por todas sin dejar de serlo, y ello no porque sea «irrealizable», es decir, un sueño impotente que anhela lo imposible, sino precisamente por todo lo contrario: porque es una polarización dinámica que nunca renuncia a lo posible. El ideal no quiere convertirse en identidad necesaria, sino estimular el dinamismo de la totalidad abierta; su perfección consiste en mantenerse inacabado: *no pretende llegar, sino ir viniendo*. Todo lo que paraliza al hombre es lo opuesto al ideal ético; y al hombre le paraliza tanto el *éxito* de una realización concreta en la que instalarse y por la que ser moralmente

---

* No puede darse un uniforme *progreso* moral, porque cada afinamiento de nuestra conciencia ética multiplica las exigencias y sutiliza el escrúpulo, no sólo en lo tocante al presente sino también en la interpretación del pasado.

53

llevado (sustitución hegeliana de la decisión moral subjetiva por la eticidad objetivada), como la *decepción* de que nada llegue a ser nunca como debe ser, es decir, de que nunca ser y deber ser se identifiquen, se hagan una sola cosa. Pero esta decepción proviene de una noción cosificada del ideal ético, que retrocede con pereza y entumecimiento espiritual ante la demanda permanentemente dinámica de éste. Pues el ideal ético difiere siempre de todas las cosas pasadas, presentes o futuras, ya que no es cosa; no consiste en una forma de ser, sino en una disposición del querer, por ello su reino no es este mundo de identidades entre las que nos movemos. El ideal es lo querido y seguir siendo querido es fundamento inexcusable de su idealidad.

Ahora bien, ¿por dónde comenzar el recorrido de la razón moral, puesto que lo primero que parece saltar históricamente a la vista es la disparidad de criterios de moralidad? Existe un punto de origen cuya primacía ha de admitir cualquier reflexión ética; su genealogía y fundamento nos han ocupado en los capítulos anteriores. Agnes Heller lo determina de esta manera: «Desde que hay moral, o sea, desde el nacimiento de la civilización, el valor moral más general no es ninguna objetivación ideal concreta, sino la *voluntad de valor*. Por eso tuvo Kant toda la razón al colocar esa categoría en el centro de su intento de fundamentar la validez universal. Con esa categoría podremos identificarnos *siempre*, repito, mientras exista moral. Consideremos las narraciones y los dramas de tiempos antiguos: siempre preferimos el personaje (si lo hay) *que quiere la virtud.*» (*Hipótesis para una teoría marxista de los valores.*) La voluntad de valor es el núcleo originario del ideal ético porque en ella se contiene y ejercita prácticamente todo lo que éste simboliza: primero, que nuestras acciones no son necesarias consecuencias de condicionamientos irremediables internos o externos, sino decisiones eficaces de una intimidad que se autodetermina; segundo, que no todas las acciones posibles se equivalen, es decir, que no es *indiferente* optar por una u otra; tercero, que la conducta preferible puede ser en buena medida descrita y justificada racionalmente, es decir, que la opción que la elige tiene un fundamento interpersonal, objetivo. Querer la virtud es querer hacer algo, no cualquier algo sino un algo mejor que los otros «algos» posibles; para ello es preciso que sea posible hacer algo y también conocer por qué es mejor lo mejor. *La voluntad de valor es un propósito activo de excelencia.* Todo comportamiento éticamente orientado parte de ella.

Una de las disputas académicas más *a la pàge* entre los teóricos de la ética es la que versa sobre el carácter hipotético o categórico de los imperativos morales. El ala digamos «liberal» de los contendientes suscribe una versión hipotética de las normas morales, haciéndolas equivalentes, por lo menos formalmente, a reglas de etiqueta, aunque quizá algo más rigurosas; el deber se diluye en beneficio de una suerte de adscripción voluntaria a los preceptos virtuosos. La profesora Philippa Foot es la representante más destacada de este punto de vista, enérgicamente contestado por los partidarios «absolutistas» del carácter categórico del imperativo moral, que insisten en su condición obligatoria desde un punto de vista racional, es decir, que no puede ser juntamente comprendido y rechazado sin menoscabo de la racionalidad. Los absolutistas consideran que si los preceptos morales no son categóricos, no hay posibilidad alguna de juzgar a nadie moralmente, argumento algo inquisitorial que no les gana simpatías, pero que no es en modo alguno desdeñable.* En el próximo capítulo trataremos un poco de la distinción entre principios y normas, por lo que

---

* Aunque ese juicio se quede siempre en los *efectos* de la acción y no alcance el núcleo más irreductible de la opción libre. Véase la cita de Kant transcrita en la última nota del capítulo anterior.

volveremos de nuevo sobre esta disputa; ahora me interesa relacionarla con el tema de la voluntad de valor y situar ésta en el origen del deber y de la validez universal del ideal ético.

Según ha quedado expuesto en la primera parte de este libro, el reconocimiento en el otro y desde el otro del propio yo como totalidad autodeterminada y abierta es el contenido específico del querer humano, es decir, lo que el hombre en cuanto tal, más allá de los deseos a que le impele todo lo que en él hay de cosa y está sometido al orden causal de las cosas, quiere como confirmación de su intimidad infinita y libre, llamada clásicamente alma o espíritu. *El hombre quiere confirmar su alma en la comunicación racional con los otros hombres.* Confirmar su alma, es decir: asentar su no instrumentalidad, su superación del orden utilitario de las cosas, la fuerza autónoma e incorruptible que le anima, en una palabra, revelar su inmortalidad. No se trata aquí de un querer entre otros, de un querer que puede despertársele pero que también puede no sentir jamás, sino de la entraña misma de su querer ser, del querer que hace hombre al hombre. Toda la cultura proviene de este querer; la historia de la civilización es la crónica de su desarrollo y de sus modalidades, el arte expresa su fascinación, la religión bucea en su misterio. Genéricamente, este querer nunca falta al hombre; el ideal ético, es decir, la voluntad de valor, es la posibilidad subjetiva de realizar cada cual ese querer en el ámbito de las relaciones con los otros hombres. Tal como la disposición artística o la sensibilidad religiosa, la voluntad de valor es básicamente universal pero se desarrolla de manera sumamente desigual según los individuos y sus culturas. El propósito de excelencia debe abrirse camino entre las identidades cosificadas y cosificadoras del mundo, depositadas en cada cual en forma de educación, coerción social, mitos aceptados por cada comunidad, circunstancia histórica... identidades todas ellas creadas, a su vez, por la acción del propio querer, pero con su posibilidad fosilizada en necesidad. También influyen las propias disposiciones interiores, el carácter, los elementos irracionales frágilmente estructurados en la razón. Los estoicos decían: *velle non discitur*, a querer nadie puede ser enseñado. En último término, la voluntad de valor tiene en cada individuo un componente de *predisposición*, una facilidad espontánea o una dificultad congénita que pueden ser orientadas, paliadas, pero quizá nunca extirpadas del todo: también aquí, como en lo demás, el espíritu sopla donde quiere...

La voluntad de valor tiene, pues, alcance universal, aunque las formas de su manifestación y las gradaciones de su perentoriedad según los individuos y las culturas sean sumamente variables. Las concreciones de la voluntad de valor en preceptos de tal o cual rango pueden tener en buena medida una validez *convencional*, ser por lo tanto discutibles o derogables y obligar a quién no comparta la convención que las impone (o a quién se adhiera a ella sólo tibia y condicionalmente) de modo relativo. Pero la voluntad de valor en sí misma no es convencional ni hipotética ni está sujeta o discusión o adhesión personal, y nos reclama con una perentoriedad no menor que la de las reglas lógicas que encauzan nuestras argumentaciones. También la lógica impone su propio tipo de deber, aunque basado en preceptos mucho más nítidamente objetivables y menos debatibles que los de la ética: *pero en último término, lo que subyace nuestra adquiescencia a la lógica es una voluntad de fuerza, eficacia y excelencia no muy distinta a la voluntad de valor moral y el peso del imperativo que de ambas proviene es similar*. Y lo mismo que hay razones o sinrazones que pueden llevarnos a abandonar la lógica para conseguir mejor el propósito cognoscitivo que el deber lógico sustenta (la intuición, la revelación mística), también hay quién lleva su voluntad de valor más allá (e incluso contra) la ética, por un propósito de excelencia religioso que no admite limitarse al marco de la comunicación racional con el otro. Pero estos excesos (que pueden ser sublimes, ridículos o atroces) no degradan la voluntad de valor lógico ni la voluntad de valor moral al rango de convencionales pautas de cortesía: más bien es cierto lo contrario, que la etiqueta es una voluntad de valor moral banalizada, trivializada por el momento instrumental de la sociabilidad misma. El deber de la voluntad moral es la aceptación de las mediaciones exigidas por nuestro más radical y mejor querer.

La voluntad moral es el descubrimiento de la Ley, es decir, de la libertad. En la posibilidad valorativa que la Ley instaura es donde arraiga precisamente nuestra oportunidad de mostrarnos libres, o sea, «existentes en virtud de la sola necesidad de nuestra naturaleza y determinados por nosotros mismos a obrar, frente a las cosas necesarias o compelidas, que están determinadas por otras cosas a existir y operar, de cierta y determinada manera», según la definición de Spinoza. La Ley es la barrera que nos separa de las cosas «compelidas», de las que no se determinan por sí mismas: en realidad, *la Ley no es más que esa misma separación*. La Ley no separa el Bien y el Mal (la prohibición bíblica vedaba el acceso al árbol «del Bien y del Mal»), ni tampoco lo prohibido de lo permitido, sino lo compelido o necesario de lo libre o autodeterminado. La Ley es el descubrimiento de la libertad y también la libertad misma en cuanto perpetua posibilidad de descubrimiento, de conocimiento del Bien y del Mal. La Ley no es más que la posibilidad de comprender la Ley, de ser conscientes de la Ley, de ser capaces de asumir internamente la Ley como cosa propia; así se traza la línea legal divisoria que separa a los hombres (o a las «cosas libres» como quizá preferiría decir Spinoza) de las cosas necesarias o compelidas, sometidas a las leyes y sin posibilidad de distanciarse u oponerse a lo que las determina. De este modo se plantea la elección en que consiste la libertad humana: *o dueños de la Ley o vasallos de las leyes*. En cada ocasión, en cada gesto, en cada opción u orientación de su vida, el hombre puede actuar como cosa compelida, determinada, plegarse bajo el peso de las leyes de la identidad que le imponen la coacción de las cosas exteriores; o puede negarse a la necesidad y asumir su propia Ley, buscando entonces el conocimiento del bien y del mal, de lo válido y lo inválido. Esta última postura es lo que hemos llamado «voluntad moral» o «voluntad de valor», lo que Kant llamó «buena voluntad» y aseguró que era lo único indudablemente bueno de este mundo. La Ley no zanja entre el bien y el mal, sino entre el bien y el mal por un lado y aquello que no tiene más remedio que ser lo que es porque no es más que lo que es (mientras que el hombre «no es lo que es y es lo que no es»). Esta es la Ley más común, la esencial, la única y verdadera Ley, la que señala el final del Paraíso y el comienzo del conocimiento y de la historia, es decir, de la humanidad... *porque en el Paraíso jamás hubo hombres*. Heráclito la llama «ley divina» y en el fragmento 114 de Diehls describe así su fuerza: «Discurriendo con inteligencia (*nous*) hay que apoyarse en lo común de todos, tal como la *polis* en su ley; y aun mucho más fuertemente, pues se alimentan todas las leyes humanas por obra de la sola divina, pues domina ésta tanto cuanto quiere y basta para todas las leyes y queda por encima de todas.»

Citábamos al comienzo de este capítulo a Agnes Heller, quién nos decía que en los relatos y dramas «de tiempos antiguos» siempre preferimos identificarnos con el personaje que quiere la virtud, es decir: que tiene voluntad de valor. Ese personaje es llamado *héroe* y tampoco falta en los relatos y dramas de nuestro tiempo, aunque el medio cultural y axiológico en que se desenvuelve y la consideración que recibe sean muy distintos a los de antaño. Pero en el héroe la voluntad de valor se da reafirmada, confirmada, triunfante: *eficaz*. La opción contra la inercia de lo irremediable muestra en el ánimo heroico toda su calidad refulgente. El ideal ético corre el riesgo de evaporarse en una pálida y brumosa abstracción; la Ley es un planteamiento demasiado formal, el imperativo categórico merece el reproche que le dirigieron John Stuart Mill y Franz Brentano de carecer de consecuencias éticas concretas o tener algunas más bien risibles; incluso la voluntad de valor pudiera parecer vista desde fuera (y a veces hasta vista desde dentro, en el trance de un escrupuloso examen de conciencia) obcecación e iluso patetismo, cuando no hipocresía. Por eso es en el héroe donde la vocación ética se regenera, en el héroe que es la virtud en marcha: para quien tiene olfato para lo heroico y sabe percibirlo allí donde se afirma (o sea, para quien es hermano del sol y nunca denigrador resentido del sol), el héroe es la visión ética *por excelencia*, la ética justificada por el triunfo de la excelencia. Y sólo por la excelencia heroica y su ejemplo se gana para la decisión ética al corazón tentado por la inercia cosificadora. Razón tenía Aristóteles cuando centraba en el *spoudaios*, en el impecable nacido para la virtud y la libertad, el verdadero argumento a favor de la moral: no definamos las virtudes, decía, no pretendamos entenderlas casuísticamente, sino admiremos al excelente. La importancia iniciática de la literatura estriba en su facultad de brindarnos trayectorias heroicas: gracias a ella, nunca ha de faltarnos ese pasto de héroes del que se alimenta y regenera nuestra voluntad de valor. El modelo heroico es, a fin de cuentas, un servicio de urgencia de nuestra imaginación, destinado a alentar en nosotros el símbolo de la *independencia radical*, de autodeterminación plena, en que el ideal ético consiste. Por el ejemplo heroico que la imaginación creadora nos propone comprobamos vivamente que es preciso ser *más que hombre* para lograr ser al menos hombre cumplido. Pero en el héroe no hay que buscar la sobrehumanidad, ni tampoco confundir la apostura heroica con el desplante chulesco del matasiete. La literatura de nuestra época ha explorado también los héroes demasiado humanos, los héroes de éxito imperceptible y cuyo orgullo es al menos *resistir;* héroes frágiles que carecen de valores indiscutibles a los que remitirse, y que buscan entre los escombros de castillos ya desertados por princesas y dragones las nuevas formas que ha de tomar la promesa de inmortalidad. Pero también en ellos mantiene la voluntad de valor su energía, y lo *singular* —que es por otro lado lo más común y la raíz misma de la solidaridad— sigue refrendando así su propósito de excelencia frente a lo genérico cosificador.

Capítulo VI

Qué vale y cómo vale

Hemos hablado del «propósito activo de excelencia» y de querer lo mejor. La voluntad de valor consiste precisamente en rechazar la imagen de un mundo que es irremediablemente lo que es y en el que no le cabría otra decisión al hombre que dejarse llevar por leyes físicas, psíquicas, económicas, históricas, etc... que determinasen de un modo a la vez azaroso (no sé lo que ha de tocarme hasta que me toca) y necesario su andadura. Para la voluntad de valor, el mundo no sólo se ordena según las identidades de las cosas que son lo que son, sino también hacia la apertura de posibles simultáneos, y a menudo no excluyentes, y respecto a preferencias que quieren activamente verse cumplidas: el mundo no sólo es lo que es, sino también, puesto que el hombre lo habita y lo anima, lo que *puede* ser y lo que *debe* ser. Se cifra así en el ideal ético un rechazo de la indiferencia, del «tanto da lo uno como lo otro»: la única postura frontalmente opuesta al punto de vista ético será esa indiferencia, puesto que es precisamente la *diferencia* lo que la voluntad de valor reclama, inventa y sostiene. Para la voluntad de valor, nada da igual, nada es idéntico, siempre puede buscarse y preferirse la *distinción*. El ámbito en que actúa la voluntad de valor no es un reino de identidades, sino de intensidades; nada da igual, porque de todo se reclama lo infinito, es decir, de todo se espera lo inesperado, lo posible, lo que no se puede saber de antemano hasta dónde ha de llegar. El indiferente es cosa entre las cosas: sabe que de las cosas no puede esperarse nada, *porque todas dan lo mismo*, y él no se siente llamado a introducir apasionadamente en ellas las debidas distinciones. En la melancolía —que es la deserción más completa del querer y del hacer—, el último esfuerzo de la voluntad se centra en empalidecer homogéneamente todas las cosas, desproveerlas de las distinciones que habíamos puesto en ellas y retirarse a la orilla exangüe donde ya nunca pasan barcos. Por eso la disposición melancólica es lo más opuesto a la moral —a la moral alta, aquella que acompañaba los últimos momentos de Macbeth— que es la intrépida decisión de luchar por las diferencias y no dejarse confinar en el congelado y repetitivo infierno de lo por siempre igual.

Para la voluntad moral, no todo vale. En la vida —como en cualquier juego o cualquier arte— hay cosas que no vale hacer, mientras que otras jugadas son excepcionalmente valiosas. Lo que no vale es lo que no *nos* vale: aquello que nos hace perder, lo que debilita nuestro juego o nos excluye de él. Lo que vale para el hombre no es sino lo que él quiere; como antes dijimos, lo que el hombre quiere es, en primer lugar, ser; en segundo lugar, ser más, acendrarse, ampliarse y reafirmarse en el ser; en tercer lugar (o en tercer *nivel*), ser una totalidad no-idéntica, abierta a lo posible y autodeterminada. El origen de todos los valores está en estos niveles del querer humano y aquí reside su objetividad y su idealidad: fuera de este querer, en el cielo y en la tierra todo da igual, es decir, todo pertenece al orden idéntico de las cosas (tanto según la lógica parmenídea que enseña «El ser es y el no ser no es», como según Jehová en su zarza ardiente: «yo soy el que soy»). Esos tres niveles del querer, empero, pueden entrar en conflicto, hasta el punto de volverse unos contra otros y zapar la voluntad moral, cuyo ideal consiste en aunarlos: por afán de conservar el ser se olvidará la exigencia de autodeterminación y reconocimiento interpersonal de lo posible, por pasión de ser más llegará a renunciarse a ser... *El ideal ético consiste en articular y reconciliar todo aquello que el hombre quiere, es decir, todo lo que para él vale.* No hay valores propiamente éticos, pues lo propiamente ético es la pretensión de *armonizar* todo lo que para el hombre vale. En tal armonización interviene la sensibilidad para las diferencias, la intuición que distingue, en una palabra, la decisión de *jerarquizar* los valores, de estructurar unas subordinaciones plausibles que ayuden a dirimir los enfrentamientos entre instancias opuestas. El criterio jerarquizador es precisamente la peculiaridad humana, hecha de complejidad y fragilidad: lo más inestable, lo más improbable (lo más alejado de lo que dicta la *dira necesitas*) es lo más intrínsecamente humano y por tanto lo más valioso (lo más querido por el hombre), aquello menos reductible al orden de las cosas. También es lo más *artificial*: la ética es un esfuerzo creador, consiste en poetizar la vida y transformarla en obra de arte, en artificio; los dones construidos, los que provienen de vencer con esfuerzo una resistencia o de superar el determinismo de una inclinación, son los bienes propiamente éticos, pues no hay naturalidad ni inmediatez moral. Si el hombre fuera naturalmente bueno, la moral sería expresión de la necesidad y no de la libertad, es decir, los valores se nos impondrían desde fuera y no brotarían de nuestro querer. Pero la armonización ética del querer nunca se ve plenamente realizada, por razones que provienen del querer mismo y que apuntamos ya en el primer capítulo; de aquí el desgarramiento *trágico* a que nuestra condición nos condena y también la postulación kantiana de un reino de fines transmundano en el que se reconcilie por último lo que quedó pendiente. Pero esta última solución trasciende el ámbito de la ética, a la cual corresponde el paradójico sino de aspirar activamente a la reconciliación como posibilidad siempre abierta y a la vez *saberla* (pero la ética no surge del saber, sino del querer) efectivamente imposible.

Lo valioso para el hombre es aquello que preserva su vida, aumenta su capacidad de acción y le confirma en su condición racional y libre. Y esto es valioso porque ser, poder y humanidad es lo que el hombre *quiere*. Quizá el filósofo que más claramente estableció los valores como perseverancia en el ser y aumento de poder activo (es decir, de alegría) fue Spinoza, al tiempo que condenó las pasiones tristes que humillan y paralizan al hombre hasta su destrucción. Pero en el sistema spinozista el fundamento del valor no es la voluntad humana sino su naturaleza: no lo que el hombre quiere, sino lo que es. Pudiera parecer que no se trata de una discrepancia esencial, puesto que antes hemos presentado la voluntad humana como el elemento básico de su naturaleza, el punto de partida ontológico por el que aproximarnos a lo que el hombre es. Pero la divergencia no es en modo alguno irrelevante: partir del querer del hombre significa que éste es lo que no es, no está dado de una vez por todas, no se configura como una naturaleza definida desde la necesidad de modo plenamente acabado, sino como un hacer que se abre a lo posible desde la libertad en cada decisión. En el planteamiento de Spinoza, el hombre llega a saber por medio de la ética lo que puede y así aprende a querer mejor; pero la moral, tal como aquí la proponemos, trata de llegar a saber lo que el hombre quiere para en tal querer enraizar su posibilidad: *porque el hombre puede llegar aproximadamente a saber (o mejor, a imaginar) lo que quiere, pero nunca sabrá ni imaginará del todo, perfecta y acabadamente, lo que puede... precisamente conocer lo que quiere le revela que nunca sabrá lo que puede*. Para Spinoza, saber lo que el hombre es indica lo que puede y por tanto lo que debe querer; para nosotros, lo que el hombre quiere es ser lo que no es y no ser lo que es, por lo cual y para lo cual nunca sabrá del todo lo que puede. Nuestra ética es, pues, pasional o *apasionada* vista desde una perspectiva spinozista, por lo que, según el sistema del contundente razonador judío, no puede aspirar a la auténtica beatitud, el puro amor intelectual de Dios. Y sin embargo, todo lo válido para Spinoza es *casi* todo lo válido para la concepción ética que en este oráculo manual se va exponiendo.

Hablamos de lo valioso para «el hombre», es decir, para todos y cada uno de los hombres. Y valioso categóricamente, pues se trata del último querer del hombre, algo querido como fin y no instrumentalmente (querido precisamente como finalidad *contra* la instrumentalidad que amenaza cosificar al hombre). Pero ¿cómo compaginar esta supuesta homogeneidad del valor con las evidentes discrepancias en las concretas valoraciones humanas, en la disparidad de normativas morales? Dos distinciones pueden sernos útiles en este punto: primero, la que diferencia valores de intereses; segundo, la que discierne entre principios y normas. Frente a la universalidad genérica y categórica de los valores, los *intereses* expresan una opción parcial y circunscrita contra otras opciones. Dijimos que el ideal ético es aunar y jerarquizar los valores que emanan de los diversos niveles del querer humano; pues bien, los intereses representan la exacerbación de los valores de uno de esos rangos o niveles, hipostasiados sin respeto a la articulación de conjunto. En el interés prima una consideración valorativa exclusiva y excluyente, que por tanto entra en conflicto con valores de rango semejante o superior. El interés es el valor *mediatizado* por las circunstancias culturales, psicológicas, sociales o políticas, que limitan su generalidad y refuerzan los componentes conflictivos que los diversos niveles de valoración comportan. Es esencial aquí el enfrentamiento con intereses opuestos, como bien subraya Agnes Heller: «Los intereses aparecen cuando un individuo significa para otro una *barrera*, cuando la realización de los objetivos del individuo de una clase impide u obstaculiza la realización de los objetivos del individuo de otra clase. *No hay intereses sin que haya diversidad de intereses*, pues aquéllos se constituyen en ésta» (*op. cit.*). Dos precisiones, empero, a este texto de la profesora Heller: primero, es preciso entender «clase» más bien en un sentido lógico que social de la expresión (aunque sea también social en ocasiones, por supuesto); segundo, esa barrera no tiene por qué existir exclusivamente entre individuos distintos, sino que también puede existir *dentro* del mismo individuo, como disociación del ideal moral armonizador: a esto, precisamente, se le suele llamar «mal». Lo malo de los intereses no consiste tanto en lo que quieren como en lo que renuncian a querer, al abusar de la polarización que prefieren: en la prosecución del ideal moral puede uno *apasionarse*, pero no *excederse;* la pasión por el interés, en cambio, es siempre excesiva no porque nos dé demasiado, sino porque nos priva de algo.

La distinción entre principios y normas intenta resolver, con cierta patente artificiosidad, la cuestión de si los preceptos morales son categóricos o hipotéticos; zanja el problema afirmando que los hay de *ambos* tipos, reservándose la categoricidad estricta para los principios y relativizándose más bien las normas, pues éstas sólo son válidas en cuanto que sirven de concreta mediación para el cumplimiento de los principios. Las *normas* o reglas varían según las circunstancias históricas, el desarrollo de los conocimientos científicos, la modificación de los usos y el desgaste de las tradiciones, la evolución de los mitos y acuñaciones simbólicas, etc....; pero, en todo caso, lo que sigue dando la medida de la obligatoriedad de la norma es su *aptitud* para realizar en la práctica los principios morales. Puede haber discrepancias y enfrentamientos entre las normas pues caben discusiones sobre tal aptitud y distintas concepciones de ellas; las normas serán revocadas, modificadas o ratificadas en nombre de los principios a los que sirven... Una educación moral autónoma y no autoritaria, más atenta al espíritu de la Ley que a su letra, se ocupará de asentar bien los principios, de tal modo que cada cual pueda elegir o inventar sus propias normas y sepa abandonarlas o superarlas cuando sea oportuno. Ahora bien, ¿qué son precisamente los *principios*? Son la formulación del contenido más general de la voluntad de valor. Principios morales son las expresiones con forma de ley que recogen el ideal de armonización y jerarquización de los valores, o sea, de lo que el hombre quiere, del modo más amplio posible. Respeto a la vida humana, considerar siempre al ser racional como fin y nunca como medio, no identificar al hombre con una sola de sus obras o actitudes, entender la relación social como colaboración creadora y protección mutua, no negarse nunca a la reciprocidad de la comunicación con el otro, etc... Como antes dijimos, no es fácil sin artificiosidad —al menos, no siempre es fácil— distinguir entre las formulaciones de los principios y las normas concretas que pretenden cumplirlos aquí y ahora. En ocasiones, la intangibilidad teórica de los primeros se ve comprometida por las discusiones de circunstancias prácticas que alteran el planteamiento de las otras.

En último término, los valores del hombre provienen de, y se fundan en, sus anhelos, o si se prefiere en sus *apetitos*. La tradición canónica distinguía tres tipos de apetitos humanos, es decir, tres ámbitos en los que los hombres anhelan apasionadamente: *libido sentiendi, libido cognoscendi y libido dominandi*, el apetito de los sentidos y las sensaciones, el del conocimiento, el del dominio y el orden. De aquí viene todo lo que para el hombre vale: verdad, salud, serenidad, ternura, justicia, belleza, curiosidad, inteligencia... El ideal ético pretende, como repetidamente se ha dicho, conciliar y estructurar lo que vale para los diversos apetitos, teniendo presente la objetivación racional de la jerarquía, pero también dejando abierta la posibilidad subjetiva de primar (sin desdoro moral) los valores de un apetito sobre los de otro: a fin de cuentas, todos son imprescindibles y todos pueden llegar al máximo refinamiento y elevación. En el ideal artístico se reconcilian plásticamente sentidos, conocimiento y dominio, de forma inmediata y como sin esfuerzo, por comparación con la empeñosa determinación moral; en el ideal religioso se extrapolan ilimitadamente los tres órdenes de apetitos, en busca de una perdurable plenitud que rebasa confiada y también angustiadamente lo que la prudencia finita de los hombres autoriza a esperar.

Capítulo VII

La eficacia de la virtud

En la época moderna y contemporánea se acepta sin escándalo que la virtud pueda ser el comportamiento impotente y derrotado. No era así entre los clásicos: *virtud* proviene etimológicamente de *vir*, fuerza, arrojo viril, y todavía en el Renacimiento (por ejemplo, en Maquiavelo) *virtú* tiene que ver más con el denuedo y la intrepidez que saben hacerse con el triunfo que con la pía disposición de respetar determinados preceptos de moderación.*
El virtuoso es el triunfador, el más *eficaz*. Claro que no toda forma de triunfar vale, ni tampoco todo lo que la opinión mecánica considera victoria y eficacia lo es realmente. En primer término, para saber en qué consiste el triunfo hay que discernir bien lo que uno se propone, o

---

* La autobiografía del escultor y orfebre Benvenuto Cellini comienza con estas palabras: "Todos los hombres de cualquier suerte que hayan efectuado alguna cosa que sea *virtuosa* o que a la *virtud* se asemeje, deberían, procurando ser verídicos y honrados, describir por su propia mano su vida..." El Sr. J. Farrán y Mayoral, traductor de la versión que poseo (Editorial Cumbre) acota a pie de página muy pertinentemente: "Tenga presente el lector que la palabra *virtud* y sus derivados se usaban durante el Renacimiento en más amplio sentido del que suelen usarse hoy, y más próximo a su etimología. Virtud significa, para Cellini, valor, ánimo, talento, poder, facultad, fuerza, etc...., según las ocasiones, además del sentido moral que con preferencia le damos hoy".

sea: lo que uno realmente quiere. Sobre esto ya hemos hablado sobradamente en los capítulos anteriores. En segundo lugar, la victoria ha de obtenerse por medios compatibles con lo que uno es: no es verdadero triunfo aquel conseguido merced a lo que nos desmiente. El héroe de la película de vaqueros que rechaza la posibilidad de matar al villano por la espalda o se niega a huir abandonando a sus compañeros a la tortura en manos de los indios dice clarividentemente: «yo no puedo hacer eso». Es decir: ganar así sería perder, mi derrota vendría de los medios que uso para derrotar a mi enemigo. *La virtud es la manera de vencer compatible conmigo mismo, la acción más eficaz y juntamente la que mejor responde a lo que yo intrínsecamente quiero y soy.* Contra una demasiado usual poética moderna del fracaso como coronación del buen comportamiento, hay que reivindicar una *forma de ver* que no juzgue los logros o desastres de manera puramente exterior a la acción misma, por la realización o pérdida convencional de sus objetivos, sino más bien según la *transformación enérgica* que merced a ella sufra el sujeto. Vencer es a fin de cuentas confirmar mi fuerza, subrayar mi inmortalidad y eterna juventud, gloria que puedo llegar a conseguir incluso perdiendo mi propia vida pero nada más, no renunciando a nada más. La excelencia de la muerte del héroe —insistiendo en este caso extremo y que sólo como extremo debe considerarse— no consiste en el sacrificio de su vida, sino en la negación triunfal de la muerte que por la muerte misma le viene. En el fracaso y la muerte no hay nada de honroso ni de elogiable, salvo que lo que desde fuera parezca fracaso y muerte sea visto desde dentro como confirmación de un vigor incorruptible. La virtud lo que busca es la exaltación gloriosa y el dominio de la adversidad, aunque en su ejercicio puede llegar a descubrir formas humildes de gloria, sumisas victorias sobre lo irremediable.

Virtudes son las formas de comportamiento más eficaz

que tienen los hombres para conseguir lo que consideran supremamente valioso. Aunque su funcionamiento es individual y su resplandor esencialmente íntimo, no hay que desdeñar la sanción de máxima aprobación social que las premia y su dimensión ejemplar. En la virtud, la excelencia se pone en marcha y así los hombres sensibles al espectáculo de su brío comprenden por qué vale lo que más vale, es decir, se confirman en que desean realmente lo que más desean. Las narraciones de ejemplos virtuosos, los relatos de vidas heroicas (casi toda la literatura «ingenua»), subvienen a la urgencia de mostrar estampas de excelencia, a través de cuya acción se entienda en qué consiste lo que se definió abstracta y estáticamente como valor y porqué se definió así. *La virtud es la mediación activa, socialmente exaltada, del valor;* en ella se ve a la voluntad humana empeñándose con pureza y vigor por conseguir finalmente lo que más quiere. Pero este caracter *público* de la virtud no debe ocultarnos su índole esencialmente individual, íntima: las virtudes son el desarrollo de la fuerza propia de cada cual y están ligadas a su propio estilo vital. Aunque ya hemos señalado antes lo común en el fondo del querer humano y lo universal de la voluntad de valor, las formas de desarrollar ese querer y esa voluntad son ilimitadamente numerosas, tan desconcertantemente diversas como los posibles que se nos ofrecen y el modo propio que cada cual tiene de elegir entre ellos. A fin de cuentas, los nombres genéricos de las virtudes son banalizaciones que agrupan rasgos irrepetibles y forman un único dibujo más forzado que rico en sutilezas. Cada uno debe encontrar su propia virtud o debe asumir las virtudes que le vayan mejor. Nietzsche insistió vigorosamente en este punto: «Una virtud debe ser una invención nuestra, una defensa y una necesidad personal nuestra; en todo otro caso será simplemente un peligro. Lo que no es una condición de nuestra vida, la perjudica» (*El Anticristo*). Y en

La Gaya Ciencia advierte sobre el irreductible núcleo de secreto de cada acción concreta, que sólo toscamente y desde fuera puede ser encorsetada según pautas virtuosas: «El que juzga: "en este caso, todos deberían obrar de este modo", no ha avanzado cinco pasos en el conocimiento de sí mismo; de lo contrario, sabría que no hay acciones semejantes y que no puede haberlas, que toda acción que ha sido ejecutada lo ha sido de manera única e irreparable, y que así sucederá con toda acción futura, y que todos los preceptos no se refieren más que al lado exterior grosero de las acciones; que con estos preceptos se puede conseguir, es verdad, una apariencia de legalidad, pero *nada más que una apariencia;* que toda acción respecto de ellos es y seguirá siendo una cosa impenetrable; que nuestras opiniones sobre lo que es bueno y noble y grande no pueden nunca ser demostradas por nuestros actos, porque todo acto es incognoscible; que ciertamente nuestras apreciaciones y nuestras tablas de valores forman parte de las palancas más poderosas de la máquina de nuestras acciones, pero que para cada acción particular la ley de su mecánica es indemostrable.» Intentar calificar desde fuera las acciones según códigos de virtud establecidos es tarea inútil, pero no menos que intentar descalificar al virtuoso analizando la particularidad aislada de cada uno de sus gestos. Es la totalidad moral del héroe —del excelente, del *spoudaios* aristotélico— quien posee las virtudes, no cada una de sus acciones: *no se llega a ser virtuoso por ejecutar acciones acordes con los preceptos morales, sino que se llegan a realizar actos que servirán como ejemplos de virtud porque se es virtuoso.* Por eso, las virtudes sólo cuentan como elementos de una totalidad moral, no aisladas y en sí mismas. Y cada totalidad moral es insustituible, irrepetible, única; incluso las virtudes más «objetivables» y comunes tendrán en cada uno su propia tonalidad. No hay dos formas iguales de ser sincero, valiente o generoso. Y hay muchas virtudes que no tienen nombre porque son patrimonio exclusivo del individuo que las ejerce, o porque la taxonomía moral no se ha afinado lo suficiente para descubrirlas. En este campo, un Proust es más delicado analista que cualquier profesor de ética, aunque no le entretengan tanto las virtudes como los vicios... Y, puesto que lo que cuenta es la totalidad moral, lo que en unos puede ser virtud (es decir, fuerza) en otros será debilidad (es decir, vicio). Lo que a uno le regenera puede suponerle la perdición a otro: no son nuestras virtudes las que nos hacen buenos, sino nuestra bondad la que las legitima como virtudes.

Pero ¿cuáles son las virtudes más inapelables, las más indiscutiblemente admitidas en la mayoría de los códigos morales socialmente estatuidos? El escéptico no constatará más que la variedad agobiante de preceptos y la disparidad etnográfica de los comportamientos recomendados. Sin embargo no es empresa imposible hallar los puntos comunes y, lo que es más importante, señalar su fundamento. Volvamos de nuevo a la autoridad razonada de Roger Caillois, quien, tras admitir la pluralidad de morales según culturas distintas y momentos históricos diversos, subraya sin embargo: «Raramente se encuentra alguna que repruebe el coraje, la lealtad, la inteligencia, el desinterés. Las hay que recomiendan ser duro y hasta cruel, o ambicioso hasta la voracidad, o astuto e incluso pérfido. Pero nunca he oído decir que hubiera ninguna que aconsejase la vanidad, la bajeza, la avaricia, la timidez. La razón me parece clara: son otras tantas servidumbres. Ahora bien, si hay algo que una moral, sea cual fuere, no puede exigir a los hombres, es que se vuelvan impotentes o pusilánimes, que tiemblen sin cesar por miedo a perder lo que tienen o por no ir a recibir lo que sufren por no tener. Se puede pedir a un ser que abdique de su libre arbitrio y elija voluntariamente la esclavitud, pero es preciso por lo menos que su decisión sea deliberada. ¿Quién sabe si no encuentra al envilecerse su mérito o su salvación? Mientras hay esfuerzo, hay moralidad. Pero si no se trata más que de abandonarse, toda máxima se hace superflua. Basta la ley de la gravedad donde es inútil esforzarse. La moral no existe más que en el momento en que debe vencerse una resistencia o una seducción.» (*Crónica de Babel.*) Por decirlo con la terminología que venimos empleando en este libro: el hombre puede *querer* el sacrificio (para así mostrarse dueño de sí, es decir, por encima y más fuerte que sus instintos o que sus intereses particulares) pero no la abyección; puede *querer* la humildad (que aumenta su sociabilidad, deriva de su lucidez o le engrandece ante los ojos de un Dios de mansedumbre) pero no la humillación; puede *querer* la dureza combativa (que afirma la dignidad y guarda la riqueza o defiende al débil), pero no la brutalidad... Quien buscando el sacrificio acaba en la abyección, o el humilde que termina humillándose, o el duro y altivo que desemboca en la brutalidad, son otros tantos ejemplos de degradaciones de la voluntad de valor por obcecación, o porque a fin de cuentas eran intereses lo que se afirmaban en ella y no valores. La virtud es precisamente *el arte de realizar con eficacia lo que quiere la voluntad de valor*. Abyección, humillación y brutalidad no son virtudes porque no coinciden con lo que la totalidad moral realmente quiere, surgen de intereses o instintos disgregadores que no admiten la generalidad en la diversidad que la voluntad de valor reclama, ningún código puede adoptarlas como precepto moral, aunque cualquier individuo puede obrar *viciosamente* de acuerdo con ellas. Son, en una palabra, *debilidades* particulares frente a la virtud como fuerza común y creación social que cada cual afirma desde su propia intimidad y con su peculiar estilo.

Las dos virtudes básicas, cimientos de la totalidad moral sin las cuales no hay posibilidad imaginable de vida ética, son el *valor* o coraje y la *generosidad*. La cobardía no tolera virtudes; la mezquindad las degrada; el cobarde no se atreve y el mezquino no se entrega. El valor realiza el esfuerzo que la voluntad moral pide y asume enérgicamente la decisión de la libertad; la generosidad abre la virtud a la colaboración y al reconocimiento en los otros, en lugar de instrumentalizarla desde el resentimiento como coacción o denigramiento del prójimo, o desde la avidez de posesiones como dureza de corazón. El valor afronta la perplejidad irreductible de la voluntad moral con firmeza y sinceridad; la generosidad vigila porque los otros no sean postergados nunca a ninguna cosa... *ni siquiera a un valor*. El valor se arriesga a conquistarlo todo, la generosidad puede renunciar a todo; el valor no se deja imponer nada, la generosidad no se impone a nadie; el valor no retrocede, la generosidad no abandona; el valor se decide y hace frente, la generosidad comprende y compadece; el valor resiste y la generosidad ayuda; en el valor y la generosidad encuentra la virtud su mejor definición, porque la virtud se compone de *intrepidez y don*. Al carácter moral en el que se combinan excelente y como espontáneamente valor y generosidad se le ha llamado tradicionalmente noble y la *nobleza* es el más alto grado de totalidad moral que consideramos... hasta la santidad no es más que una de sus ramas posibles.

Inmediatamente después del valor y la generosidad, en la escala moral se hallan dos ya no diremos virtudes «simples», sino complejos de virtudes: la *dignidad* y la *humanidad*. Se hallan interrelacionadas, de tal modo que cada cual sirve de límite y cinturón de seguridad a la otra. En la dignidad se afirma la incondicionalidad y autodeterminación del querer humano, no sometido a ninguna restricción ni servidumbre, que no admite en este mundo la existencia de ningún rango superior ante el que necesariamente doblegarse; la humanidad acepta por su parte la carnalidad humana, el cuerpo y sus limitaciones, la realidad inabrogable del sufrimiento, la trama de azar y ternura que nos forma, la calidez de los sentimientos, la presencia recurrente del fracaso junto a todo éxito. La dignidad marca la estatura del hombre, la humanidad su amplitud. En la búsqueda de más altas dignidades, en la convicción de *merecerlo todo*, el arrojo puede hacerse despiadadamente inhumano: con un escalofrío, responde Macbeth a su esposa cuando ésta le reprocha su falta de coraje para matar a Duncan: «Me atrevo a lo que se atreva un hombre; quien se atreva a más, ya no lo es.» Más tarde accedería a pecar contra la humanidad, es decir, enfrentaría trágicamente en su acción la humanidad con la ambiciosa dignidad. Del mismo modo nos alecciona la historia de Tideo, quien era un guerrero tan excelente y magnánimo que la diosa Atenea decidió concederle la inmortalidad. Esperó a que Tideo, tras el asalto a Tebas, yaciese herido fatalmente en el campo de batalla y acudió con la ambrosía que habría de inmortalizarle; pero al llegar junto a él vio con asco y horror que Tideo, arrastrado por la soberbia del guerrero, se esforzaba por roer el cerebro de uno de los enemigos muertos: y Atenea vertió el cuenco de ambrosía en el suelo, ante esta muestra de inhumanidad. Por su parte, la dignidad aporta a la humanidad sentido y destino, energía y libertad, la redime de sus relentes de rebaño. Entendidas en cuanto caracterizaciones simbólicas y no sexológicas, la dignidad es la virtud del Padre y la humanidad la de la Madre. La dignidad reclama independencia, justicia, orden, etc.... mientras que la humanidad recuerda que la vida, el cuerpo y sus afectos son el substrato de cualesquiera juego de valores a que se aspire. Sin humanidad, las reivindicaciones de la dignidad terminan por hacerse indignas, se aniquilan a sí mismas; sin dignidad, la humanidad se deshumaniza en pura animalidad y repetición de lo necesario. Ambos complejos de virtudes se funden en la *solidaridad,* que es en lo social lo que la nobleza es en lo individual y la más alta realización del ideal ético a que puede aspirarse comunitariamente.

Capítulo VIII

El desafío del Mal

¿Puede pensarse el mal? ¿Cómo pensarlo y qué pensar de él? Salvo para maniqueos y gnósticos, que lo sustantivaron hasta la hipóstasis ontológica, el mal ha sido el gran desterrado de las diversas morales apoyadas en los avatares de la metafísica occidental, inalterablemente optimista hasta Schopenhauer. El mal «no es nada», «es una nada o nadería», es «una falta de ser» (cuando no aquella cierta «dificultad de ser» que aquejaba en sus últimos momentos a Fontenelle). Para el racionalista clásico, el mal no tiene entidad positiva, consiste precisamente en la disminución o pérdida de tal entidad, sólo tiene condición *privativa;* para quien intuye que la realidad es irracional o azarosa, tampoco hay mal, pues éste no será más que «lo que le falta al racionalista para conocer adecuadamente el mundo», todo aquello que rebasa o contradice el plan racionalista. De igual modo, el hombre religioso no logra ver por ninguna parte el mal, sólo constata la existencia del malo, en sus dos manifestaciones: el Malo por antonomasia, Satán, una especie de Arhimán venido a menos, ya no eterno en su maldad como éste, sino caído y quizá finalmente salvable también el Ultimo Día (así al menos lo sostuvo Papini); y el malo de a pie, usted o yo, el que cede a la tentación de la serpiente, hace mal uso de su libertad y peca. Por cierto, que lo susurrado por la serpiente enemiga es precisamente: «Seréis como dioses, si coméis del árbol del conocimiento del Bien y del Mal.» *El Mal como algo subsistente por sí mismo y opuesto al Bien, tal es la tentación de la serpiente...* Para los grandes críticos de la «ilusión moral», los filósofos que han trazado la genealogía de los términos morales y han desechado cualquier trascendentalización de éstos, no existe el Mal ni tampoco «el» malo, sino *lo malo*, por supuesto como polaridad frente a lo bueno. Nietzsche establece en su *Genealogía de la moral*: «Más allá del bien y del mal, esto por lo menos no *quiere* decir: más allá de lo bueno y lo malo.»

Veamos más de cerca el caso del más ilustre y original negador del mal y afirmador de lo malo, el caso de Spinoza. Para Spinoza, el mal es una idea abstracta, de ésas que se forman quienes renuncian a comprender y se contentan con imaginar. Pensar el mal es ya *pensar mal*, diría Spinoza. No hay Mal (o Bien) en sí, pero hay malo (o bueno) para mí, juzgando a partir de mi actividad o de mi esencia. Lo que conserva la relación entre actividad y reposo de las partes de mi cuerpo, lo que se compone positivamente conmigo y aumenta mi capacidad de obrar, es bueno; lo que no se conviene con lo que soy (es decir, lo que no *me* conviene), descompone las relaciones entre las partes de mi cuerpo y restringe mi capacidad de obrar, es malo. Ningún mal puede venirme de lo que soy, sino de *encuentros desafortunados* con objetos exteriores a mí que no me convienen * (*vid.* Gilles Deleuze, *Spinoza, philosophie pratique*). No hay mal intrínseco:

---

* Se trata de un punto de vista estoico. Marco Aurelio tiene reflexiones semejantes, aunque no cree que nada pueda venirle al hombre realmente malo de fuera, porque nada exterior puede *obligarle* a ser injusto, traidor o cobarde. Compárense estas opiniones con la de San Marcos: "Nada de lo que viniendo de fuera entra en el hombre es capaz de mancillarle; pero lo que sale del hombre es lo que le mancilla".

todo lo malo me viene de fuera, hasta la muerte misma que no es sino un mal tropiezo que me descompone definitivamente. Lo malo tampoco es un tema adecuado de meditación, porque lleva al entristecimiento: nada tan repugnante para Spinoza como los denigradores del hombre, los «satíricos» (al estilo de un Swift, por ejemplo, más que de un Voltaire) que se encarnizan en burlarse del hombre y se ceban en su impotencia o mezquindad. El sabio piensa en lo bueno y su propósito es ilustrar al hombre sobre aquello que le hará más fuerte y más alegre, para que busque lo que mejor le conviene... Pero la serpiente, con su insidiosa tentación, sigue ofreciendo el conocimiento del Bien y del Mal a quien quiera arriesgarse a ser dios, con todas sus consecuencias. Blymbergh, un discípulo de Spinoza tentado por el fatal ofidio, mantiene con su maestro una importante correspondencia sobre el mal. Spinoza le expone su teoría: el mal no existe, lo malo es como un envenenamiento, algo que me sienta mal porque no me conviene. Cuando Dios prohibió comer el fruto del árbol de la Ciencia lo hizo porque había de sentarle mal al hombre, porque no le convenía: la serpiente envenenó a Adán. Pero el sibilino Blymbergh insiste: ¿no habrá esencias a las que corresponda el crimen o la perversidad y que hallen aquí no un veneno, sino un tónico? Spinoza zanja la cuestión con altiva frialdad: «Si algún hombre ve que puede vivir mas cómodamente colgado de un cadalso que sentado a su mesa, actuaría como un insensato si no se ahorcase; del mismo modo, **quién viese claramente que puede gozar de una vida o de** una esencia mejores cometiendo crímenes que apegándose a la virtud, también sería un insensato si se abstuviese de cometer crímenes. Pues, visto desde una naturaleza humana tan pervertida, los crímenes serían virtud» (Carta XXIII). Si el crimen perteneciese a mi esencia, sería virtud; pero a mi esencia sólo pueden pertenecer las perfecciones que expresan un poder o la capacidad de ser afectado y nadie es malo por los afectos que tiene, sino por los que no tiene, etc....

Y, sin embargo, la serpiente sigue ofreciendo su manzana envenenada y envenenadora: el Mal existe y subsiste frente al Bien; aún más: incluso si no existe el Bien, sólo lo bueno, *existe indudablemente el Mal*. Esta opinión demoníaca va un poco más allá del racionalismo, hasta del más sutil y vigoroso de todos como es el racionalismo de Špinoza. Hemos dicho que la metafísica occidental ha sido siempre radicalmente *optimista*: lo verdaderamente real, lo real *por excelencia*, lo uno y eterno, lo inmutable, lo que es *causa sui*, es intrínsecamente bueno; sólo lo particular es malo, lo finito, lo que se individualiza, lo plural y perecedero. No hay Bien ni Mal, enseña Špinoza, sólo malo y bueno; en la esencia no hay nada malo, sólo los encuentros fortuitos pueden envenenarnos y descomponer la equilibrada relación de las partes de nuestro cuerpo. Pues bien, este optimismo (contra el cual ya habían tronado aisladamente pensadores poco «académicos» y nada «sistemáticos» como Lucrecio o Pascal) se rompe definitivamente a comienzos del siglo XIX. Para Schelling, el mal existe: es el propio fundamento incausado del que brota la personalidad de Dios. Dios no podría suprimir el mal sin suprimirse a sí mismo, sin aniquilar su propio fundamento. Pero Dios supera el mal en su unidad y personalidad absolutas, lo cual en cambio no es logrado por la pluralidad de los hombres: en esto Schelling todavía es deudor del optimismo clásico. Sin embargo, el tono de Schelling ya tiembla con trémolos desconocidos para la serenidad racionalista: «También en Dios existiría un fondo de oscuridad si Él no pudiera asimilarse la condición, ligarse a ella para hacerse uno y personalidad absoluta. El hombre jamás llega a adueñarse de la condición, a pesar de que a ello aspira en el mal; ella sólo le es prestada, independiente de él; de donde su personalidad e ipseidad nunca puede elevarse a *actus* perfecto. Esto es lo triste, inherente a toda vida finita, y aunque en Dios haya por lo menos una condición relativamente independiente, hay en Él mismo una fuente de tristeza, la que nunca llega empero a ser realidad, sino que sólo sirve para la alegría eterna de la superación. De ahí el velo de melancolía que se proyecta sobre toda la naturaleza, la honda melancolía indestructible de toda vida» (*Sobre la esencia de la libertad humana*). Las raíces de la libertad se hunden en el mal y allí beben su savia, tanto en el caso de Dios como en el de los hombres; lo que ocurre es que Dios soporta tan venenoso alimento mejor que éstos. Pero en todo caso, el mal no es algo exclusivamente ligado a las acciones del hombre y desligado en cambio de su esencia (es decir, no es solamente «lo malo», sino que más bien la propia esencia del hombre y por ende su capacidad de acción libre surgen del mal. Lo que constituye el mal, la caída, es precisamente la propia creación del hombre: *es la serpiente quién ha creado al hombre...* Al hombre le separa de Dios lo que le individualiza como tal hombre y en esa escisión, en ese mal, gana su esencia: «El principio que se eleva desde el fondo de la naturaleza, mediante el cual el hombre se separa de Dios, es la ipseidad del hombre, la cual, no obstante, se convierte en espíritu gracias a su unidad con el principio ideal. La ipseidad como tal es espíritu, o el hombre es espíritu a título de ente autístico, particular (separado de Dios), unión que en efecto constituye la personalidad» (*ibídem*). Así personalizado y constituido por el mal, del cual brota y por el cual se impregna de la indestructible tristeza de la finitud (¡cuánto hubiera escandalizado a Spinoza oír esto!), el hombre sólo desde el propio mal puede hacer surgir su fuerza regeneradora. *De lo que separa al hombre de Dios (de lo infinito) nace la libertad por la que el hombre podrá alzarse hasta Dios (hasta lo infinito).* «Una vez que en la creación fue provocado universalmente el mal por reacción del fondo originario respecto de la revelación, el hombre, desde la eternidad, se asió a la particularidad y al egoísmo, y todos los que nacen llevan en sí el tenebroso principio del mal, aunque ese mal no se eleve hasta su autoconciencia hasta después de producirse la oposición. Según el hombre es ahora, sólo desde ese principio tenebroso es posible que, por trasmutación divina, se forme el bien como la luz.» El mal como fundamento, como estiércol del que nace el bien...

Pero la auténtica y explícita quiebra del optimismo metafísico se cumple en la obra de los dos grandes pensadores pesimistas contemporáneos: Schopenhauer y Freud. Para Schopenhauer, como en buena medida para su ignorado precursor Sade (ver *epílogo* de esta obra), aquello que goza de máximo rango ontológico carece de la más mínima dignidad ética o racional: lo que *es* con mayor poderío y preeminencia se opone necesaria y esencialmente a nuestros ideales de orden, inteligibilidad, consciencia, justicia, generosidad, caridad... La voluntad ni nos respeta ni respeta nada de lo que consideramos respetable: es puro Caos y eterna repetición del mismo ciego apetecer. Por otro lado, mientras que las representaciones del mundo se encadenan según la más inexorable necesidad, la voluntad en sí misma es espantosamente libre; su libre querer y quererse carece de meta, de sentido, de lógica, no aspira a ningún mejoramiento ni se propone ninguna futura perfección, sólo la reproducción indefinida de idéntico y perpetuo furor. Hasta tal punto esto es así que ni siquiera puede decirse que la voluntad, sea el mal, pues está más allá del bien y el mal en el más riguroso sentido de esta expresión. El verdadero mal comienza precisamente con la constitución del hombre y también la posibilidad del único bien imaginable. El mal no es la voluntad sino la *individuación*, la más dolorosa de todas las ilusiones, que en la consciencia humana alcanza aguda reflexión. El individuo siente dentro de sí el pleno querer de la voluntad que lo apetece todo porque es todo; pero a la vez se pretende distinto del resto del universo, desgajado y opuesto a él. En cuanto voluntad total, nada limitado o parcial puede satisfacerle, es incapaz de ceder o compartir la más mínima porción de lo real; pero en cuanto individuo, debe renunciar constantemente a muchas cosas, enfrentarse a otros individuos más fuertes y no menos rapaces, perder o no conseguir aquello que con más intensidad deseaba. Lo que en la voluntad como totalidad no es ni bueno ni malo, sino simplemente *es*, pura facticidad incomprensible e irrebasable que compone la entraña misma de todo lo existente, en el individuo se convierte en *dolor*, zozobra, violencia feroz, desenfreno y agonía. Tal como decía Schelling por aquellos mismos años en que Schopenhauer componía su sistema, en la propia ipseidad y particularidad del hombre está el principio del mal moral. El mal estriba, no en tal o cual acción o encuentro del hombre con algo exterior, sino en su propia esencia, obscena mezcla de una voluntad omnidevorante y una ilusoria individualidad, que obligadamente vive su parcelación como despojo. Aunque de esta misma dualidad irreconciliable nace también aquello moralmente apreciable, lo único que en el universo tiene cierta dignidad ideal. Descubriendo por medio de la razón lo insaciable del deseo y su necesaria vinculación con el dolor, el hombre puede suspender su voluntad, no tanto en cuanto voluntad —pues nada hay más fuerte que la voluntad ni capaz de doblegarla— sino más bien en cuanto impulso individualizador. El hombre niega su individualidad, que le opone al resto de los hombres y del universo y le hace creer que aún no ha conseguido o que ha perdido algo; por medio de la compasión se funde con todo lo existente, se reconoce en cada forma de lo real y deja a la voluntad seguir su juego, pero sin colaborar con ella por medio de la afirmación despiadada de su singularidad egoísta.

Freud, por su parte, también situa el mal en la ipseidad humana. En su libro *El yo y el ello,* hace una descripción del núcleo de la personalidad consciente del hombre más bien lamentable. El yo es «la sede de la angustia, el recinto del miedo»; se trata de «una pobre cosa sometida a tres distintas servidumbres y amenazada por tres distintos peligros, emanados respectivamente, del mundo exterior, de la libido del ello y del rigor del super yo». Carente de auténtica capacidad ejecutiva, como un monarca parlamentario permanentemente amenazado por la anarquía o la dictadura militar, el yo intenta satisfacer los impulsos del principio de placer pero sin dejarse arrastrar por la libido más allá de lo que el mantenimiento de su vida permite, mientras trata de asemejarse al ideal de yo que su super-yo le propone procurando no caer bajo los trallazos de aniquiladora culpabilidad que la instancia represora le propina. «Falto de todo medio de defensa en ambos sentidos, el *yo* se rebela inútilmente contra las exigencias del *ello* asesino y contra los reproches de la conciencia moral punitiva. Sólo consigue estorbar los actos extremos de sus dos atacantes, y el resultado es, al principio, un infinito auto-tormento y, más tarde, un sistemático martirio del objeto cuando éste es accesible.» Llámesele a esto neurosis obsesiva o melancolía, es obviamente del mal de lo que se está hablando. Lo más terrible de la descripción freudiana es que el ideal moral no es la denuncia del mal desde la libertad, sino la raíz del mal mismo en forma de fatalidad. Lo poco que el pobre yo, ese mísero recinto del miedo, conserva de libertad no lo toma de la voluntad moral, sino por el contrario lo emplea en *resistir* el tanático acoso de ésta. ¿Quién no había sospechado ya que la serpiente tentaba y amenazaba *a la vez*? «Ignoramos —prosigue Freud en la obra ya citada, en el apartado significativamente titulado «Las servidumbres del yo»— qué es lo que el yo teme del mundo exterior y de la libido del ello. Sólo sabemos que es el sojuzgamiento o la destrucción, pero no podemos precisarlo analíticamente. El yo sigue, simplemente, las advertencias del principio de placer. En cambio, sí podemos determinar qué es lo que se oculta detrás de la angustia del yo ante el super-yo, o sea ante la conciencia moral. Aquel ser superior que luego llegó a ser el ideal del yo amenazó un día al sujeto con la castración, y este miedo a la castración es probablemente el nódulo en torno del cual cristaliza luego el miedo a la conciencia moral». La urgencia moral proviene de un impulso fatídico, no emancipador. El yo está *estructuralmente* incapacitado para sobreponerse victorioso a un placer destructivo y a una virtud mortífera; su prótesis más útil, la cultura o civilización, conserva su vida pero también un remanente represivo que le procura nuevas formas de angustia. Aún más: con su inigualablemente audaz desenfado para las comparaciones desagradables, Freud dice: «Cuando el yo sufre la agresión del super-yo o sucumbe a ella, ofrece su destino grandes analogías con el de los protozoos que sucumben a los productos de descomposición creados por ellos mismos. La moral que actúa en el super-yo se nos muestra, en sentido económico, como uno de tales productos de una descomposición». Es el momento más antispinozista de Freud: la moral, que es precisamente el mal mismo en su sentido más amenazador y puro (aunque también en el más tentador, en el más *ideal*), es *como un envenenamiento desde dentro, fruto de la estructura inevitable de nuestra subjetividad y constituido al mismo tiempo que ella,* no por un encuentro desafortunado pero fortuito.

El mal, como vemos, se ha ganado su propio derecho a estar presente en la subvertida razón metafísica occidental: ha logrado hacerse oír... Sin negar las premisas fundamentales de Schopenhauer, Nietzsche desculpabilizó la voluntad y propugnó la transvaloración de los valores, la moral reconciliada con el querer más hondo (de la cual tratamos en este libro de hacernos eco crítico). Por su parte, Otto Rank también pretendió realizar una operación semejante con el planteamiento freudiano y propuso el ejemplo fuerte y libre del artista como el yo eficaz que logra superar la culpabilidad de la individualidad y de la acción por medio de una creación en la que el todo se reconcilie con lo particular, más allá de la moral represiva y del desorden libidinal. Pero, desafortunadamente, mientras que Nietzsche fue un pensador tan grande o más que Schopenhauer, Otto Rank no puede compararse en estatura intelectual con Freud, por lo que la desculpabilización de la voluntad en el psicoanálisis y el planteamietno de una transvaloración moral no represiva de la cultura todavía espera su héroe fundador, *pace Marcuse.*

¿Qué pensar, pues, de la tentación de la serpiente? Lo malo existe, evidentemente: es aquello que va contra el ideal ético en que se refleja el proyecto de mi mejor querer; también podemos reconocer al malo como el sujeto de los actos que conculcan y degradan el ideal ético, aunque con la salvedad de que *nadie* puede ser identificado con uno o varios de sus actos y que la totalidad moral como tal escapa a cualquier juicio exterior que pretenda determinarla. Todos somos el malo porque entendemos la posibilidad de lo malo y a veces la utilizamos; sin la posibilidad de lo malo, nada valdría lo que de bueno podamos hacer de acuerdo con el ideal ético: el sueño de una comunidad de la que la posibilidad del mal comportamiento hubiera sido erradicada acabaría también inevitablemente con la posibilidad de la virtud. Pero ¿y el mal, ese mal que la serpiente se empeña en sustantivar frente al bien —y así permite también que el bien se sustantive—, ese mal que parece no provenir de ninguna de las acciones humanas, que las preexiste y quizá las posibilita? Es lícito creer que se da lo que Jean Nabert, en su profundo *Ensayo sobre el mal,* llamó «lo injustificable». Después de que pasamos revista a las diversas apariciones de lo malo, a las varias maneras de conculcar las normas éticas o las reglas que la razón propone para que nuestros «encuentros» se hagan lo más beneficosos posibles a nuestra esencia, queda aún un repertorio de males con los que no sabemos como arreglárnoslas: «Quedan aún bastantes que atestiguan, no en modo alguno una transgresión de las normas, sino un irremediable divorcio entre el espíritu en su incondicionalidad y la estructura del mundo en la que está comprometido y en la que estamos comprometidos» (Nabert, *op. cit.*). Una de estas formas irreductibles, injustificables, del mal la podríamos situar, siguiendo a A. N. Whitehead, en la «incompatibilidad de ciertas alternativas». No todos los valores pueden darse conciliadamente juntos o, para ser más exactos, los intereses —unidos de manera inevitable a nuestra individuación psicológica, cultural e histórica— establecen barreras dentro de cada cual que nos impiden armonizar plenamente las diversas facetas de nuestra totalidad moral. Debemos frecuentemente elegir incluso entre valores que apreciamos por separado: nuestra opción llevará así siempre el estigma de la alternativa omitida. La tragedia griega, según la vio Hegel en su *Estética*, consistió precisamente en el enfrentamiento de puntos de vista morales parciales, en sí mismos estimables pero incompatibles: lo trágico es que Antígona y Creón tienen ambos razón moral para justificar la postura que adoptan... tienen razón pero no *toda* la razón. La fragmentación de un ideal moral que aspira en su idealidad misma a lo total es un mal que refuerza la *culpabilidad* que toda acción comporta, en cuanto afirmación de la propia identidad y desgajamiento de la continuidad infinita del querer.

Pero la más espesa forma del mal, la que vemos tenebrosamente borbotear en el fondo de los planteamientos de Schelling, Schopenhauer o Freud, es el condicionamiento impuesto por la *necesidad natural*. La libertad brota de una facticidad ciega e indomeñable, de la que no puede prescindir y a la que parece incapaz de vencer del todo. Si la libertad derrotase plenamente a la necesidad se anularía a su vez, como muy bien observó Schelling: Dios no puede aniquilar al mal sin aniquilarse también a sí mismo. Nuestro querer ve la causalidad *desde dentro* y se sabe —es decir, *se quiere* —autodeterminado; el más alto objetivo de la idealidad moral, encarnado en la tarea del héroe, es llegar a convertirse en *causa sui*, negar la vinculación del alma con la genealogía de las causas que producen y destruyen al cuerpo. El alma (esa totalidad abierta y autodeterminada que el querer pretende) se niega a someterse a las leyes de la carne y de la sangre, a los recurrentes y obcecados propósitos de la especie. Por un breve lapso de tiempo parece imponerse, pero luego debe plegarse ante las imposiciones de un mecanismo biológico que adopta para los hombres el verdadero rostro del destino. La serpiente que nos tentó con la sustantivación del mal frente al bien descubre finalmente su auténtica identidad: «El diablo representa al cuerpo, el absoluto determinismo de la condición terrena del hombre y por esto es el diablo tan peligroso: revela la realidad de nuestra condición, el hecho de que no podemos escapar a nuestro destino terreno» (Ernest Becker, *Escape from Evil*)». Los espantos que vagan por la noche, las Erinias que acechan en la tiniebla a los hombres, enloquecen sus mentes y raptan sus voluntades son la más antigua e inexorable maldición con que tropieza el propósito heroico de emancipación y autodominio. «La verdad de los cuentos de vampiros, de murciélagos, sangre y dientes caninos, es la misma que la verdad del complejo de castración: que el proyecto *causa sui* por vía del cuerpo es una mentira, que nuestros cuerpos son realmente nuestra condenación; mientras estemos en ellos, estaremos sujetos al completo dominio de las leyes terrenas de sangre y animalidad» (*ibídem*).

Ahora bien, escuchemos en esta ocasión el clarín de lo

posible sonando en la voz inesperada de Špinoza: «Nadie sabe lo que puede un cuerpo». En verdad, ¿qué puede un cuerpo? ¿Hasta dónde es capaz de *representar* a la voluntad? ¿Qué hay en su fuerza o en su decadencia que no venga de la voluntad misma? ¿En qué se impone al alma y en qué la sirve? ¿No es el cuerpo —en cuanto necesidad de la carne y de su programa fatal, perecedero— un castigo con que el alma se atormenta a sí misma? ¿No será el alma la coartada *satánica* con la que el cuerpo se veda el acceso a su inocencia o a su gloria? La vieja historia bíblica cuenta que el cuerpo se hizo culpable y mortal por un delito de la voluntad: *fue el alma la perdición del cuerpo y no a la inversa.** También Freud parece haberlo entendido así. En último término, es la voluntad misma la que parece resultar demasiado para el cuerpo: la aniquilación postrera confirma el paso terrible de la libertad, la consunción de la materia es consumación del espíritu. Morimos porque queremos, es decir: por el peso de nuestro querer. «Aunque el solo juego de las leyes de la naturaleza parezca dar cuenta de un muy gran número de males, no podemos defendernos contra la idea de que no hay sin embargo, ninguno de entre ellos que no

---

* Kafka conoció el secreto de la tortura de la carne por medio de la ley y del desconcierto de la ley por la carne. Marthe Robért (*La soledad de Franz Kafka*) insiste en la obsesión por las proscripciones alimentarias del escritor, acompañada de la presencia en su obra del ayuno. En "Investigaciones de un perro" practica la exégesis de la mortificación por el hambre hasta refinamientos indeciblemente crueles: "...había allí mucho más que una sola prohibición de ayunar: el primer sabio quería prohibir el ayuno; ahora bien, lo que un sabio quiere ya está consumado, consecuentemente el ayuno estaba prohibido; el segundo sabio no sólo abundaba en este sentido, incluso llegaba a considerar el ayuno imposible, de suerte que a la primera prohibición se agregaba una segunda, la de la propia naturaleza canina; tomando en consideración el hecho, el segundo sabio había retirado su prohibición formal, es decir, que ordenaba a los perros, hechas todas las exposiciones debidas, dar prueba de discernimiento y prohibirse a sí mismos ayunar. De ese modo una triple prohibición en vez de la única habitual y yo la había violado..."

esté en alguna relación directa o indirecta, inmediata o lejana, con la voluntad humana. ¿A qué título declararíamos injustificables todos esos males si hubiera que rechazar tal relación y si las leyes de la naturaleza o de la vida afectando de una manera completamente contingente la sensibilidad bastasen para agotar su significado?» (Nabert, *op. cit.*). Lo injustificable es la propia voluntad, su elección de lo libre frente a lo necesario, la altivez que asume la ley para no limitarse a padecerla y paga en último término con su propio perecer inexorable el rescate de la libertad que hasta el final no es lo que es para ser lo que no es.

A fin de cuentas, ¿es plenamente injustificable el mal? ¿No será el mal lo que alimenta al bien, lo que le *fortifica*? La ley psíquica fundamental para C. G. Jung es precisamente la *compensación*, por la cual busca la totalidad autodeterminada y creadora un equilibrio que la unilateralidad de nuestra consciencia o de nuestros impulsos, de nuestro afán de inmortalidad o de autodestrucción constantemente amenazan. El mal es lo que da espesor y sombra al ideal ético, que sin él se desvanecería de pura platitud; la culpabilidad es lo que nos permite saborear nuestra voluntad, del mismo modo que son el conjunto de leves dolores que forman la cenestesia lo que nos permite notar nuestro cuerpo. Transgredir la norma, tal como respetarla, son posibilidades de la legalidad misma y ambas se someten a la ley. La transgresión levanta acta de la existencia de la ley y la defiende contra un cumplimiento demasiado mecánico, «natural», que la disolviese en necesidad y coacción irresistible. Además, como muy bien señala Pierre Klossowski, «la trangresión es una recuperación incesante de lo posible mismo, en tanto que el estado de cosas existente ha eliminado lo posible de otra forma de existencia. Lo posible de lo que no existe no puede seguir siendo siempre más que posible: pues si fuese ese posible lo que el acto recuperase como nueva forma de existencia, le sería preciso transgredirla de nuevo, puesto que habría de inmediato posible eliminado a recuperar; lo que el acto de transgresión recupera, respecto a lo posible de lo que no existe, es *su propia posibilidad de transgredir lo que existe*» (Sade, *mon prochain*). Nunca acabaremos de saldar nuestra cuenta con el mal, con la violación que instaura la norma precisamente dejándose aplastar por ella, como los creyentes honran a la diosa permitiendo ser triturados por las ruedas de su carro. Por eso, del mal mismo, de la transgresión culpable y de la desdicha abrumadora de lo natural (que es infinitamente melancólico, como advirtió Schelling), surge lo que realmente tiene derecho a ser considerado sin hipérbole «sobrenatural», lo que auténticamente cumple en el dolor y la exclusión la misión de confirmar lo humano: «la presencia efectiva de una conciencia que se reconoce en la del culpable y en la del desdichado y, por este libre y total reconocimiento, crea la posibilidad de regeneración de uno y otro» (Nabert, *ibidem*).

Capítulo IX

La ciudad de los hombres

¿Tiene la ética propuestas políticas concretas que ofrecer? Para Aristóteles, la respuesta afirmativa no hubiera ofrecido dudas; aún más: para él, la política no es sino la prolongación de la ética por otros medios, o bien, si se prefiere, la ética es el pórtico pedagógico de la política, que prepara a ésta el terreno donde debe asentarse. ¿Quiere decir esto que el estagirita ignoraba la dimensión «personal» de la ética en beneficio de su aspecto «social», según la distinción acuñada por el individualismo moderno y que tiene la desdicha de ser juntamente pedante e ingenua? Aristóteles hubiera respondido que el hombre maduro y libre (es decir, quien no es niño, ni mujer, ni esclavo) no tiene más vida personal que la social, o sea, que su personalidad misma es cívica, como han de serlo sus virtudes, sus contradicciones o perplejidades y su felicidad. Incluso el filósofo dedicado a la contemplación, a la teoría, cumple fundamentalmente una *relación de vecindad*... Nadie puede pretender el bien e ignorar la política, porque lo que la ética descubre (y de aquí parte el político) es que el bien para el hombre tiene rostro social. Pero la polis quebró y con ella la *naturalidad* de lo social; individuo y sociedad se oponen desde entonces, siendo las indisciplinadas y egoístas apetencias de aquél coartada de los males de ésta y la masificación coactiva de ésta justificación de los trastornos de aquél. Dos proyectos irreductibles han de enfrentarse: el de los individuos que pretenden ser buenos y felices pese a la sociedad que les encierra y les coarta, frente al ideal social que aspira a cumplir su ordenada y justa perfección pese a los disolventes caprichos individuales. De aquí brotarán dos éticas diferentes, cada una subdividida en diversos centros de énfasis. Al aún casi niño Bertrand Russell su abuela le regaló una Biblia y como dedicatoria le puso un proverbio del libro santo: «No seguirás a la multitud para hacer el mal», que impresionó hondamente al alevín de pensador y quizá determinó en buena medida su admirable energía moral. Hay así una ética de la resistencia privada al mal reinante, del esfuerzo en la excelencia personal, de la buena intención que se atiene a su propio fuero y no se diluye en cálculos de resultados ni hace concesiones al maquiavelismo. Etica que sabe que no es la política ni el Estado lo que puede salvar a los hombres, pero que quizá los hombres puedan purificarse de una y otro. Etica también de la soledad kierkegaardiana del hombre ante Dios, intentando en el temor y temblor del pecado abrirse al absoluto milagroso que aniquile las verdades y necesidades de este mundo. Pero también ética de quien ve la sociedad como un rebaño surgido del miedo y la incompetencia, en el cual cazan y juegan por su cuenta los grandes predadores, aprovechando el poder para propósitos que no han de compartir, sin darle explicaciones a nadie ni reconocer a su modo —es decir, con distancia y desafío— más que a unos pocos pares. Por contra, se afirma también la otra ética, la de quienes rechazan el individualismo y el subjetivismo de los fines y no creen más que en la salvación colectiva; ética de abnegación y justicia, de sacrificio y de militancia, combativamente anti-tiránica (aunque quizá propugne en ocasiones lo que algún individualista considerará una nueva forma de tiranía) y obligadamente pública, testimonial. Etica que valora más las repercusiones comunitarias de los actos que las intenciones de los sujetos, ética de resultados, milenarista, que no cree en la regeneración de la sociedad por una modificación interna del individuo pero supone, en cambio, que la intimidad del individuo puede ser regenerada por una adecuada transformación social; ética, en último extremo, que no cree en la posibilidad actual de la ética y que considera que hoy no puede haber otra moral verosímil que una opción política correcta. Etica, llegado el caso, cínica, partidista, jesuítica (vid. *Su moral y la nuestra*, el panfleto de Trotsky), que no se hace ilusiones sobre los hombres y sabe que no hay otra verdad que la lógica militar del «ellos o nosotros» determinada por los intereses económicos o estratégicos...

A ambos modelos éticos cabe achacarles deficiencias fundamentales, que quizá no hayan de venir siquiera forzosamente encarnadas por la opción opuesta. En primer término, como ya hemos señalado y justificado en páginas anteriores, el ideal ético es intrínsecamente social. Lo que el hombre quiere, la confirmación de su nocoseidad autodeterminada y creadora, sólo puede provenir del reconocimiento en el otro; pero ese otro no es individual ni determinado por tal o cual particularidad, es lo genérico humano, previo a cualquier identidad y superándolas todas; se reconoce en el otro *lo que todo hombre ha de tener para que lo tenga con certeza alguno...* Tal reconocimiento no puede ser una efusión sentimental ni una relación privada que prescinda de toda mediación. Hemos hablado de relación reversible y recíproca y de comunicación racional: base de esta última es el *lenguaje*, por lo que la sociabilidad del proyecto ético ya no puede ser puesta en duda. Pero hay todavía más: el ideal de comunicación racional no es un problema pura ni siquiera principalmente lingüístico, pues la reciprocidad exige un mismo plano en el que comunicarse, una intrínseca igualdad no obstaculizada por la violencia, la miseria, la ignorancia o el monopolio de las decisiones colectivas en manos de unos cuantos. Librar al otro de todo aquello que, desde fuera de él mismo, con su necesidad cosificadora, me lo aleja, me separa de él, impide que le llegue mi reconocimiento y que él se reconozca en mí, es una tarea ética primordial. Catón dijo que había luchado «no tanto por conseguir su propia libertad como por vivir entre hombres libres»; la ética insiste en que ambos combates son inseparables, pues bebo la confirmación de mi libertad de los labios de los hombres libres. La política se mueve en el plano de reconocimiento *del* otro, es decir, en el de la administración de la violencia e implantación por medio de ella de identidades estables y jerárquicamente organizadas; la ética quiere subvertir este plano político y sustituirlo por el del reconocimiento *en* el otro y la comunicación racional, para lo cual debe oponerse a las identidades surgidas de la violencia y a la jerarquía que brota de la desigualdad de poder. Si por revolución se entiende acabar con el «orden» de la comunidad basado en la jerarquía naturalizada y la rapiña (o provecho, tanto da) insolidaria, si por revolución se entiende liquidar la división entre gobernantes y gobernados, demoler la impenetrabilidad burocrática del poder e instaurar la igualdad intrínseca de todos los socios de la comunidad a efectos de la gestión de ésta, *la revolución no es el delirio mesiánico de ciertas políticas, sino el humilde y enérgico propósito de la ética.*

Vaya lo dicho en el párrafo anterior como correctivo de las éticas individualistas, al menos desde la perspectiva sostenida a lo largo de esta obrita. Pero tampoco la disolución sociológica de la ética o su reconversión pura y simple en política (aunque fuese una política anti-política o revolucionaria) puede ser aceptada sin más. Lo que distancia irremediablemente a la ética de la política, entre otras cosas, es su concepción del tiempo. La política, incluso la revolucionaria, comparte con la religión el permanente saqueo del futuro: de allí le viene su fuerza y su convicción, allí se instalará su confirmación o su derrota según los resultados que obtenga. La ética, por el contrario, nada sabe del futuro y nada espera de él; su reino es el tiempo que no existe, el momento que aún no ha pasado ni va a llegar, el presente. Para la ética, aquí y ahora está siempre Rodas y aquí debemos danzar. El presente es el momento de tomar la decisión y esta decisión, en lo moral, nunca puede ser aplazada ni tampoco impuesta por ninguna serie causal anterior. La decisión toma en cuenta, por supuesto, las lecciones del pasado (la «memoria de lo que uno es», la «fidelidad al origen» son cualidades netamente heroicas, es decir, éticas) y también contempla el futuro a que se aspira (ese ideal ético que perpetuamente «está viniendo» aunque, en cuanto ideal, siempre se encuentre a la misma distancia), pero su puesto está en el presente, o sea en lo posible. *No el pasado ni el futuro, sino el presente es el lugar de lo posible.* En el pasado todo ya es irremediable y necesario y previsible (*a posteriori*, eso sí), consecuencia de lo anterior y nada puede ser ya rescatado ni recuperado: los paraísos son cosa del pasado y decir por tanto «paraíso perdido» es un pleonasmo, pues no puede haber paraíso más que en cuanto perdido. En el futuro todo ha ocurrido ya también, se ve como conseguido aquello por lo que se lucha y entonces, sólo entonces, puede saberse a ciencia cierta por qué se lucha: por qué y para qué; podrá finalmente descansarse pues todo habrá salido ya bien (o mal, para el caso tanto da) y uno se habrá aliviado ya también de la zozobra, *de esa incertidumbre que nace de que el cumplimiento de las cosas depende aún de nosotros y no del tiempo...* Como su lugar no es el futuro, es decir, como su fuerza no le viene de lo que pasará después, *la ética no distingue entre fines y medios*: quizá sea ésta su principal característica. La política, en cambio, vive siempre de la dosificación de los medios;

y sabe esta ciencia práctica que el medio más adecuado para un fin suele ser precisamente aquel que contraría más evidentemente el fin, aquel que traiciona el fin para cumplirlo mejor. ¿Por qué? Porque un medio indeseable e injustificable en sí mismo es *verdaderamente* un medio, no puede en modo alguno tratarse de un fin camuflado; los fines no pueden ser pretendidos directamente, puesto que pertenecen al futuro, y por lo tanto lo sensato es buscar siempre en todo y para todo los medios, los en sí mismos injustificables, los aparentemente contraproducentes medios: de aquí que la heteronomía sea camino hacia la autonomía, la coacción vía hacia la libertad, el crimen ayude al advenimiento de la paz y gracias a la mentira sistemática pueda algún día conseguirse la confianza mutua. En cambio, la ética es insensata e ingenua, para ella no hay más que fines puesto que todo se agota en el presente donde se ejerce y donde busca con denuedo la apertura de lo posible. La ética nunca renuncia o aplaza su querer, porque precisamente se opone a la *instrumentalización* del hombre, no sólo por otros hombres sino también por sí mismo. Las necesidades de la vida —esas necesidades que la política conoce bien, la primera de las cuales es que cada cual debe ser herramienta de sí mismo durante seis días a la semana para gozar de señorío y descanso el séptimo— no convencen a la insensata moral, empeñada en que en cada acto se juega el destino ideal del mundo y que ocurra lo que ocurra luego (*luego,* cuando ya nada sea posible, mientras que ahora todavía todo lo es) lo más imperioso es no ir contra lo que el hombre en cuanto hombre, es decir, no cosificado y libre, radicalmente quiere. *Lo importante para la ética es la consecuencia, no las consecuencias*, pues nada puede tener peores resultados que la abolición de la posibilidad presente y el postergamiento del querer tras una cadena de medios elegidos por la necesidad misma y no por nuestra libertad.

En el campo de la creación social, el ideal que equivale a lo que el propósito ético pretende es la *democracia*. Pese a que el término se ha ido aguando por el abuso y la manipulación, no hay invención más revolucionaria en el terreno político ni mejor vía para que la ética logre subvertir el enfeudamiento político al futuro y reivindique la emancipación del presente. Por lo mismo, nada en política es revolucionario ni subversivo si no es democrático: fuera de la democracia, todo es vuelta a los métodos más viejos del mundo, a la autocracia, al terror, al paternalismo, a los pocos que deciden «porque saben de verdad lo que los demás quieren o lo que la patria o el pueblo exige» y a los muchos que ni se atreven a querer, ni llegan a saber ni pueden decidir. Es preciso decir de inmediato que la democracia es un ideal o concepto límite de la organización social, no una fórmula política efectivamente existente aquí y ahora. Tanto las democracias «populares» como las occidentales del «mundo libre» distan enormemente de este ideal, que a la vez proclaman y pervierten. La democracia pretende la abolición efectiva de las desigualdades de poder, la supresión de los «especialistas» en mandar y la puesta en común de la gestión de los asuntos comunitarios, la organización de abajo arriba de la sociedad, la elección de todos los cargos y la elegibilidad para ellos de todos los ciudadanos, la revocabilidad no excesivamente dilatada de los mandatos, la permanente transparencia de la administración. Puede decirse que este programa equivale en buena medida a la disolución del Estado tal como hoy lo conocemos en la sociedad, disolución que quizá no pueda nunca ser absoluta ni sea deseable que lo fuere, pero cuyo límite nos es hoy tan lejano que no podemos establecerlo *a priori*.* Contra lo que suele afirmarse, los revolu-

---

* Una palabra más respecto al vidrioso tema de la abolición del Estado. El poder político instituido como *mediación* social (aunque no forzosamente como *división* social) es algo cuya supresión no sabría-

cionarios clásicos del siglo pasado (como Marx o Bakunin) no se opusieron al proyecto democrático, al menos en sus momentos teóricamente más estimables. Antes bien, combatieron contra los *núcleos de opacidad* viciosa que enturbian la transparencia democrática de las fórmulas vigentes. La explotación económica de los desposeídos por los poseedores, la consideración mercantil y no social de la producción, la entrega de los hombres al juego cuasinatural de las leyes del mercado, la monetización máxima de las relaciones humanas más preciosas... son otras tantas zonas de oscuridad que ponen en serio y justificado entredicho el concepto «liberal» de la democracia, tal como los marxistas han señalado en tantas ocasiones y con análisis frecuentemente penetrantes, aunque insuficientes. Por otro lado, los críticos libertarios han denunciado, con profética insistencia, los males de una planificación autocrática (que no son, por cierto, los de *toda* planificación), de la centralización estatista del poder y la supresión de las instancias intermedias que po-

---

mos razonar: quienes creen desearlo sólo expresan una vaga apetencia por lo informe, consecuencia a fin de cuentas de su pereza nihilista y suicidaria. Podemos suscribir sin circunloquios el dictamen de Edmund Burke: "A certain *quantum* of power must always exist in the community, in some hands and under some appellation." (*Reflections on the Revolution in France.*) Ahora bien, esto no quiere decir que la forma de ese poder mediador deba ser la del Estado que conocemos..., aunque es previsible que sea cual fuere resultará no menos odiosa que éste a ojos del nihilista antes mencionado. Lo que me parece esencial a tal respecto —el contenido más *sano* del pensamiento libertario— puede resumirse en estas líneas del maestro Ernest Jünger: "La libertad espiritual caracteriza al género humano. Se encuentra solamente en él. La existencia política, la formación de Estados, no son por el contrario características reservadas a los hombres. El hombre ha vivido mucho tiempo sin Estados y quizá sea capaz de volver a hacerlo de nuevo. (...) Por lo demás, la conservación de la libertad es la tarea del hombre. Como ha caracterizado a lo humano más que la formación de Estados, viene antes que la conservación del Estado. Y tampoco es el Estado quien puede garantizar la libertad, sino sólo el hombre mismo. Lo que no excluye que, con esta intención, se sirva también del Estado." (*An der Zeitmauer.*)

drían contrarrestar en ocasiones al poder concentrado en la cúspide social, la autorreproducción de la casta burocrática de los escribas y la posibilidad de una dictadura técnica de especialistas que aprovechasen en su beneficio las complejidades del desarrollo industrial, el alarmante crecimiento de los poderes coactivos del Estado (ejército, policía, servicios secretos...) y de los nuevos medios de «normalización» de la disidencia social (psiquiátricos, nuevos tipos de cárceles, tortura sofisticada, etc....). En todos estos casos, son los obstáculos a la democracia los que se rechazan, no la democracia misma, sin la cual no hay proyecto revolucionario válido sino nuevas formas de sacrificio a una utopía venidera que no tendrá nunca otro rostro que el los medios puestos en práctica para conseguirla.

La profundización ética de la democracia tiene actualmente diversos campos de lucha por la prometida transparencia. Uno de los principales es el del *trabajo*. No puede seguirse considerando el trabajo desde una óptica meramente productiva, aún menos si la producción es considerada exclusivamente con criterios cuantitativos y puramente mercantiles. Cada vez es más evidente que se trabaja muy por encima de lo necesario en nuestra era automatizada, por lo que se va hacia una civilización del paro o del ocio, perspectivas ambas indeseables. El paro es, por supuesto, la miseria y la desesperación violenta o la entrega degradante a los negreros del mercado libre; pero el ocio conserva todavía en su concepto la división entre «trabajo/descanso», que condena al primero a la rutina y el agobio, mientras el segundo queda sellado de vacío, trivialidad y sin otra función «seria» que la de preparar para el trabajo venidero. No se trata de estar ocioso, sino de no trabajar para no tener que descansar luego; acabar con el trabajo-producción es también acabar con el ocio-reproducción y aproximarse al trabajo— actividad o creación, a la consideración *poética* del trabajo. Para esto es evidentemente necesario colaborar en el desmantelamiento gradual del actual sistema económico (que por otra parte está deshaciéndose y rehaciéndose constantemente al cruel albur de sus contradicciones), pero también potenciar una nueva imaginación laboriosa como la que hace mucho propuso Gaston Bachelard: «Si destruís los sueños, aplastáis al obrero. Si descuidáis los poderes oníricos del trabajo disminuís, aniquiláis al trabajador. Cada trabajo tiene su onirismo, cada materia trabajada aporta sus sueños íntimos. El respeto a las fuerzas psicológicas profundas debe conducirnos a preservar contra todo atentado el onirismo del trabajo. Nada bueno se hace a desgana, es decir, a contra-sueño. El onirismo del trabajo es la condición misma de la integridad mental del trabajador. ¡Ojalá venga un tiempo en que cada trabajo tenga su soñador titulado, su guía onírico, en que cada manufactura tenga su oficina poética!» (*La terre et les rêveries de la volonté*).

Es propósito ético sustituir institucionalmente la sociedad de la *imposición* por una sociedad de la *invitación* o la propuesta. La comunidad de los iguales debe redescubrir la verdadera diversidad, que la desigualdad actual bestializa o parodia. Por lo tanto, la imposición, basada en que sólo *un* juego es posible, que sólo *un* centro debe decidir, que sólo *una* normalidad de conductas y *una* cordura son aceptables, que sólo hay *una* forma de ser solidario o patriota, debe dejar gradualmente paso a la multiplicidad de las propuestas, aunque éstas, para ser realmente tales y no simples envoltorios distintos de celofán para idéntica mercancía, deben encerrar contrapuestas y alternativas formas de vida. La imposición no sólo nos mutila de muchas lícitas posibilidades, sino que ante todo suscita una *rebelión estéril*. Llamo rebelión estéril a la que combate a la imposición en su mismo plano, frontalmente, como mero rechazo destructivo y suicidario, pura «protesta viril» (como diría Adler) contra la castración autoritaria pero que se vuelve al ejercerse contra el propio rebelde. De este modo, quizá rechazo sin más algo que habría aceptado o incluso elegido de no habérseme impuesto. La indiscutible superioridad de la *autogestión* sobre cualquier fórmula coactiva de ordenamiento es que permite a los socios darse cuenta de por qué ciertas cosas deben ser hechas de determinado modo, para que las formas de la creación social sean aceptadas paso a paso y desde dentro. No es que con la autogestión las cosas vayan mejor: no, van peor (es decir, más vacilantes, más lentas, más embrolladas, menos ejecutivas, menos automáticas) *y eso precisamente es lo bueno*. La gente descubre por sí misma por qué tal cosa debe ser hecha de determinada manera, algo que quizá de habérsele impuesto hubiera rechazado o asumido de forma degradante. Se vuelve a descubrir la racionalidad e incluso lo pactado que subyace a toda orden; Jurgen Habermas lo dice así: «El que una compañía de un teatro municipal, los miembros de una universidad o los de organizaciones eclesiásticas impongan exigencias de cogestión, tiene también un aspecto político; pero lo interesante en ello no es el desplazamiento de poder, sino una circunstancia que más bien queda enturbiada con expresiones tales como politización (y que yo mismo he empleado); estoy pensando en el hecho de que de esa manera, las rutinas (ya sean las de la representación dramática, las de la enseñanza académica o las del auxilio religioso), esto es, los contenidos normativamente congelados, los valores encarnados en las normas cotidianas, resultan tematizados y, por así decirlo, disueltos comunicativamente» (*La reconstrucción del materialismo histórico*).

Un último tema de esta apresurada selección de vectores ético-políticos es el de la *naturaleza*. Aquí también la consideración ética se enfrente con el mercantilismo cosificador y destructivo. Puede hacerlo desde consideraciones netamente pragmáticas y utilitarias: destruir los recursos naturales es comprometer seriamente la posibilidad y riqueza de la vida humana en este planeta. También puede propugnar el amor romántico a lo espontáneo (animales, plantas, paisaje...) que es una forma y no despreciable de piedad (en el sentido que dijimos en el capítulo tercero). En todos estos casos, sin embargo, se trata de la nostalgia del exiliado que recrea el lugar de su exilio: la naturaleza como nuestra gran obra de arte, como la más sofisticada de nuestras creaciones... La ecología tiene a menudo peligros de naturalización o ambientalización de lo humano, formas todas de determinismo tan negativas para la emancipación como cualquier condicionamiento rígidamente económico. A este respecto, nada mejor que remitirme a un excelente párrafo de Gilberto de Mello Kujawski: «La ecología, entendida como un humanismo de base biológica, encierra un error y un peligro. Ni el hombre es un simple "organismo" ni la naturaleza es un simple "ambiente" con el cual estaría naturalmente conjugado, como el animal con su *habitat*. El hombre es proyecto, impulso de libertad y la naturaleza no es su ambiente, su casa (*oikos*) lista para recibirle, sino la circunstancia adversa que se opone a ser moldeada y estructurada como casa del hombre, de acuerdo con su imprevisible y variable fantasía cultural. Tratada por la cultura, la naturaleza se transforma en circunstancia dispuesta y favorable a la libre expansión de las aptitudes humanas en todos los sectores en los cuales el hombre se revela creador. La naturaleza, filtrada por la cultura, se abre como un paisaje humano. Urge libertar al paisaje para que muestre todas sus facetas. La naturaleza científica del biólogo (ambiente) y la naturaleza utilitaria de los economistas (recursos materiales) debe ceder ante la naturaleza del pensador, del artista, del deportista, del hombre religioso, del hombre común, para que éste no se disuelva en el nihilismo, sino que afirme algo de su auto-identidad al nacer, vivir y morir a la sombra de los mismos árboles» (*Ecología: ¿cuál es el verdadero lugar del hombre?*).

Una palabra final, para prevenir contra la perfección, contra lo acabado. La identidad que se proclama ya definitivamente realizada, la utopía que excluye o proscribe la duda y la mala conciencia, la protesta y la crítica, no es lugar para el hombre. Porque la ciudad de los hombres ha de ser una tarea y no un mausoleo; porque debe permanecer siempre abierta e inacabada, como la tela de Penélope o el mar de Ulises.

Tercera parte
Más allá de la ética

La ética no lo puede todo, no lo penetra todo, quizá ni siquiera aspire de veras a todo. Tropezamos con su límite pronto, aunque quizá no tan pronto como cree la mayoría ni allí donde la mayoría suele encontrarlo. La ética está entreverada de lo que la subvierte y lo que la burla: también de lo que la inunda, de lo que la rebasa. Abnegada por pura altivez, insiste en dar cuenta hasta de aquello que se da cuenta de que no puede ser contado. Pero insiste y vuelve a insistir. Sin embargo, su secreto es que nadie va a contentarse sólo con ella; que ella misma, solitaria y desnuda, es inconcebible. Por eso en su fervor humanista hay algo dramáticamente sobrehumano y por eso a la sombra del respeto que predica tiembla incontenible una gran carcajada.

Tercera parte
Más allá de la cifra

Capítulo X

Humor

¿No corre la ética el peligro de tomarse demasiado en serio? Por supuesto, buenas razones no le faltan para ello, pues nada hay más serio que la ética, nada nos *interesa* tan seriamente como el ideal ético. Pero, aun así, ¿no será la ética demasiado seriamente seria, no se creerá en exceso su propia *pose* imponente de seriedad? Por decirlo de otro modo: no tomarse en serio el proyecto ético es no haberlo entendido del todo, no haber llegado a su altura: hay una burla de la ética por su «grotesca severidad» que en realidad sólo consiste en tomarse demasiado en serio las apariencias normativas, ignorando de dónde provienen y qué constituye su fuerza. No es quien primero se ríe el que antes se ha librado de la tiesa seriedad... Pero entender del todo el ideal ético, entenderlo seriamente y con apasionado interés (puesto que tanto nos va en ello), ¿no acaba por *exigir* finalmente la risa, no una risa que desmiente la seriedad sino que la subyace y la resguarda humorísticamente de la banalización? Porque la seriedad que ahonda y ahonda sin dejar de ser seria, en realidad se contenta con lo más obvio de la profundidad, no acaba de bajar del todo o, mejor, no se atreve a dejarse *caer*. Lo mismo que, según se ahonda en la arena de la playa, la humedad se va haciendo más y más presente, de igual modo la profundización en las raíces del valor moral va poco a poco impregnado de humor el pensamiento que indaga. ¿De dónde viene ese gradual empapamiento risueño que llega a hacerse incontenible, demoledor, pero en cuya carcajada la seriedad no sólo se funde, sino que también se funda? Aflora allí por fin *el verdadero rostro de lo ilimitado,* tras el que la voluntad de valor corre como un concienzudo sabueso, pero viéndole solamente la espalda: por último la presa se vuelve y al mirarnos nos mata de risa.

Tal fue precisamente la más avanzada lección de Zaratustra, la que guardó para los discípulos que habían viajado más tiempo junto a él: «Esta corona del que ríe, esta corona de rosas: ¡a vosotros, hermanos míos, os arrojo esta corona! Yo he santificado el reír; vosotros, hombres superiores, *¡aprended a reír!*» No supone Zaratustra que la risa sea algo espontáneo, al alcance de cualquiera en cualquier momento, sino por el contrario algo que requiere un aprendizaje. Pues no es que el más dispuesto a la risa, quien antes comienza a reírse, sea el que más sabe, el que «está ya de vuelta de todo»: antes bien, es el que más sabe (el que más vueltas ha dado a las cosas, el que se ha dejado arrastrar hasta marearse por el *vértigo* de las cosas) quien más tardía y más duraderamente reirá, después de un largo y arduo entrenamiento. Pero su risa se habrá *purificado* de turbiedades superficiales. Ya no será la risa del censor, venenosa y denigratoria, ni la risa paternalista del «enterado», ni la de quien se burla en tanto «hombre práctico» (es decir, en cuanto particularmente sumiso esclavo de lo necesario) de las aspiraciones de la voluntad de valor. No será ya la risotada docente ni la que paraliza la búsqueda de lo nuevo y se retrepa satisfecha en lo inevitable. La risa santificada por Zaratustra será la que explota jubilosa ante la aniquilación efectiva de los límites, la risa penetrada por la divinidad del azar en que se anegan todas las «verdades necesarias», la que celebra constatar que todo se desfonda y a la vez todo se sostiene, *que nada sirve de cimiento a lo que no necesita apoyarse en nada...* No hay efecto de tan incomparable humorismo para quien sabe apreciarlo, para quién ha aprendido a saborearlo por medio de un delicado refinamiento iniciático, como *la perdición del ser*. Porque es el temor mismo a la pérdida lo que perdemos, el ponzoñoso miedo a perder que azora con sus temblores sin destino al *homo viator*.

¿De dónde surge esta risa catártica? O, si se quiere: ¿cómo se aprende a reír? Tampoco nos falta aquí una indicación preciosa de Nietzsche: «El animal de la tierra que sufre más fue el que inventó la *risa*» (*La voluntad de poder*). La risa purificada surgen, pues, del mayor sufrimiento. Lo que más hondamente duele al hombre reflexivo, al de intuición más radical y audaz, es justamente lo que le educa para la risa: el desgarramiento trágico que separa a nuestro querer de las obras que realiza, el agobio de la imposibilidad de lo posible que proclama lo necesario, la condena que nos imponen las «verdades eternas», el parentesco sublevante de la cordura con la resignación, la incompatibilidad de alternativas que nos son igualmente imperiosas... y la *pérdida*. Sobre todo, la pérdida. Pensar es perder, perder pie, perderse. Todo lo que urdimos son sistemas para conservarnos, poleas para remontarnos de nuestra caída (colgadas del aire y sobre el abismo), cinturones de seguridad que nos impidan precipitarnos definitivamente, archivos teóricos donde guardar los tesoros que se funden en nuestras manos, donde esconder nuestras propias manos vacías. Pero el pensamiento prolonga su tarea conservadora (por la que recurrimos a él) con una irrefrenable disolución de lo precariamente conservado; al buscar cimientos más seguros para las construcciones que edifica, acaba por derruirlas: entonces ¿cómo contentarse con habitar edificios sin cimientos, cuando los tales no tenían de acogedor más que la seguridad que sus supuestos cimientos prometían? La vida, que no sabe qué hacer sin el pensamiento, llega a no saber tampoco qué hacer con él. Porque el pensamiento sólo sirve en lo que podríamos llamar la «zona templada» de la existencia humana, pero se revela inútil o contraproducente en las regiones polares, allá donde la vitalidad inmediata y acrítica se afirma con certeza animal o donde la exigencia demasiado sutil del análisis racional convierte al hombre en zapador de sí mismo. En ese punto extremo, llegado a la máxima zozobra, perdida la fe animal (como diría Šantayana) y la confianza en la fundamentación y estructura racional, *el hombre se siente desesperado y ligero*. Desesperado, porque ya ninguna garantía le queda de su conservación frente a la pérdida, cuando el tiempo deserta de él sin trabas ni respeto, mientras la firmeza de lo único inmutable y necesario, del principio racional más firme, se cuartea a embates de su propio e incontrolable mecanismo; ligero, porque ha roto las últimas amarras de lo necesario y las «verdades eternas» se revelan convención pretenciosa y lo mejor asentado es sólo capricho y nadería, mientras el ser se pierde irreversiblemente en lo insostenible y la conciencia se reconoce en esa pérdida como nunca se reconoció antes en la conservación... *Al desaparecer el apoyo de la necesidad, desaparece también la necesidad de apoyo*. El dolor de la desesperación se abre al alborozo de la ligereza y ambos se extasían juntos en la risa, esa risa cuyo aprendizaje recomendaba Zaratustra a los hombres superiores.

Si Bernard Shaw tuvo razón en afirmar que «toda tarea intelectual es esencialmente humorística», fue porque acertó con el corazón *paradójico* de cualquier elaboración del pensamiento. El humor mana permanente y espontáneamente de la paradoja; y ésta es el destino último y frecuentemente el punto de partida de toda cavilación. Salta en la paradoja la chispa jocosa de la aparente incompatibilidad entre dos ideas, que sin embargo *deben* ir juntas.

La tarea del pensamiento no es tanto hacer explícito por qué la incompatibilidad es más aparente que real, como mostrar (y antes descubrir) que ambas ideas *deben* ir juntas. Y es que, en último término, la apariencia de incompatibilidad siempre apunta a algo más profundo que lo que la superficial explicación conciliadora va a dar por bueno: a saber, que *todas las ideas son incompatibles*, si son realmente distintas, si no son «nombres» diversos para una misma idea o para partes de una misma idea. Entre idea e idea hay un vacío que ningún truco lógico puede llenar, una solución de continuidad infranqueable. Y, sin embargo, deben ir juntas, según afinidades a la vez evidentes y misteriosas; esa evidencia misteriosa es lo que la paradoja muestra. Una vez que el espíritu, es decir, la facultad paradójica, ha descubierto la evidencia misteriosa que junta dos ideas incompatibles, el entendimiento especulativo comenzará a tratar de anular la incompatibilidad tendiendo un puente entre ambas. Cuando concluya su tarea ya se podrá *pasar* de una a otra, no saltar como antes, mientras el vacío se mantenía al descubierto: a ese salto sobre el vacío inconmensurable, infranqueable entre las ideas es a lo que se llama «humor». Los puentes especulativos entre las ideas acaban con la facultad humorística de saltar que suscitaba la paradoja. Pues cada paradoja (cada invención *realmente* espiritual) es una nueva cabriola, otro «¡ale, hop!», un número de circo. Es preciso, pues elegir entre saltar y hacer puentes, entre inventar y especular: habrá espíritus *paradójicos*, inventivos y saltarines, y espíritus *pontificales*, especulativos y edificantes. O quizá sea el mismo espíritu quién tiene los dos usos, el humorístico, por el que avecina ideas pero dejando bien claro que son incompatibles, y el pontifical, por el que teje redes más o menos ilusorias para transitar por encima del vacío. En la mayoría de los filósofos hay dos o tres paradojas (es decir, dos o tres buenos hallazgos humorísticos, casi nunca

113

más) y luego un compulsivo entramado de puentes, todos con sus farolas, sus semáforos y sus dos direcciones perfectamente señaladas... por no hablar de los guardias de tráfico dispuestos a multar el exceso de velocidad. Pero por muy lejos que se lleve la manía filosófica de pontificar, el sistema no logra tapar el vacío ni salvar las distancias; sólo salva las apariencias de distincia, pero no las distancias más hondas, la escisión misma entre las ideas, el irreductible golpe de azar del que brotan. Y el vacío vuelve a aparecer de pronto, cuando menos se lo espera, rompiendo los puentes mejor trabados o desviándolos hacia *fuera*... Entonces la risa reconquista sus derechos. Por eso la paradoja, humorísticamente, hace pensar, mientras que los pontífices, pensativamente, hacen reír. Refiriéndose al Pontífice Máximo decía traviesamente Kierkegaard «¡Pero ese Hegel...! Permitidme pensar un poco a lo griego. ¡Cómo se hubieran reído los dioses de él!».*

Es el humor quien constata que el ideal ético permanece perpetuamente *abierto;* y es paradójica, humorística, la ética en su raíz misma, pues propone un ideal y sin embargo se niega a remitirse al futuro, defiende el reconocimiento intersubjetivo de unos valores pero no cree en ninguna de las legitimaciones que aportan el pasado o la tradición. La ética sólo puede ser tomada en serio si se le reconoce esta condición paradójica, que no es formal o estilística, sino esencial. Pero si el querer pierde de vista lo humorístico de su empeño, si se agarrota la voluntad en torno a la norma y se coagula la libertad en la Ley, si la «ciencia» moral no guiña el ojo y en cambio comienza con la mejor conciencia del mundo (es decir,

---

* A este mismo respecto, titulé un capítulo de mi *Filosofía tachada* así: "Ironía o Iglesia". Y sobre la función anti-humorística de los dogmatismos de cualquier índole, recuérdese este glorioso dictamen de Cioran: "Las religiones, como las ideologías que han heredado sus vicios, se reducen a cruzadas contra el humor."

con la peor de todas) a pontificar, entonces el ideal moral se convierte en pedantería y objeto de burla. ¿Cómo va nadie a creer en serio que las verdades de la libertad son *torvas*, que la voluntad que tiene cuanto quiere se desvive por los puentes e ignora la algazara del salto, que la leyenda de nuestro vigor incorruptible no es más que un plano e hierático perfil, como los bajorrelieves egipcios? ¿Cómo no constatar la paradoja de que el resultado de polarizar nuestra fuerza sea, precisamente en cuanto resultado, lo más provocativamente frágil, lo más amenazado por intrínsecas debilidades, *y que eso y solamente eso lo hace sumamente deseable y precioso*? * Como todo compromiso con la *explicitud*, o sea, como todo empeño filosófico, la ética no puede contentarse exclusivamente con la paradoja y aspira a trazar vías de acceso que permitan el tránsito entre las cumbres enfrentadas. Pero esta tarea debe acompañarse de la conciencia lúcida de las paradojas en que estriba su vitalidad y de un estilo que no omita de entre sus efectos el humor (no como broma que alivie la aridez del texto, según ciertos manuales anglosajones, sino como constatación evidente y enigmática, desesperada y ligera, de que lo incompatible debe estar, sin embargo, junto). La trama especulativa que coordina las ideas y funambulea sobre los abismos que las separan está subyugada por el chispazo de humor del que parte y se sabe deudora, no enemiga ni censora, de la risa; también sabe que antes de llegar a su final será en la risa donde desemboque y que allí lo que debemos y lo que queremos, lo que podemos y lo que necesitamos, lo que elegimos y lo que proyectamos, lo que esperamos y teme-

---

* Confieso que mi mayor deseo sería poner a toda mi obra el título de un libro que no he leído, cuyo autor es Julius Bahusen (1830-1881), discípulo de Schopenhauer y estudioso de caracteriología, quien escribió *Lo trágico como ley del mundo y el humor como forma estética de la metafísica. Monografías de los territorios fronterizos de la dialéctica real*. Dudo que el libro mismo pueda ser mejor o tan siquiera igual que su título.

mos, nuestro sueño, nuestra obligación y nuestra responsabilidad, todo confluirá en una gloriosa perdición en la que las metamorfosis reharán lo caduco, vigorizarán lo esclerótico y darán origen a un nuevo ciclo. Nos situemos entonces donde nos situemos —ubicación difícil entre las seducciones contrapuestas del alborozo, la clarividencia y la locura— nuestro testimonio seguirá contando y, novios simultáneos de la vida y de la muerte, a ambas deberemos darles nuestro «sí, quiero».

Capítulo XI

Amor

Tras reunir valor, contemplo las caras de las personas que viajan conmigo en este vagón de metro. Experiencia indudablemente depresiva. Rostros hinchados, atontados, ávidos, vulgares, obtusos, vacíos... Los que no despiertan asco, causan miedo: los demás aburren. Sin llegar abiertamente a compartirlos, siente uno en estos casos cierta comprensión por los impulsos homicidas y algo casi como fraternidad con quienes deciden suicidarse. ¡Pensar que esas jetas son nuestro paisaje y nuestro destino! Cada atisbo de nobleza o distinción, de gracia o inteligencia, está como abrumado por paletadas de inequívoca vileza o de simple zafiedad sin redención posible; ramalazos de belleza chapotean en la deformidad o el agotamiento. No es fácil admitir la grandeza del hombre cuando se tienen delante tan sólo unos cuantos individuos concretos seleccionados al azar; pasear por Venecia o leer a Shakespeare es método más seguro. No dudo que, tomados en su mejor momento, cada uno de esos semejantes que me humillan haya dado o pueda dar altas pruebas de la irrepetible excelencia humana, aunque temo fundadamente que su habitual comportamiento no suela prodigarlas. En fin, puedo más o menos abstractamente reconocerme en el otro, respetarle por principio, sentir compasión por él... ¡pero amarle, no! Sería pedir demasiado: nadie puede *exigirme* amor, no es cuerdo pretender que ame a todos mis semejantes, ni a la mayoría, ni siquiera a un relativamente amplio número de ellos. La ética establece la disposición general por la que mi alma busca confirmarse en la comunidad de lo humano, por medio de la comunicación racional. Disposición distinta a la de piedad que me relaciona con lo absolutamente otro de lo sagrado o lo natural y que supera en valor de reconocimiento a la violencia por medio de la cual se establece la jerarquización social y las áreas de poder político. Pero esa otra relación, el amor, donde se alían misteriosamente piedad, violencia y comunicación, escapa al ámbito de la moral, lo trasciende y lo aniquila. Allí donde el amor se impone, la ética no tiene prácticamente nada qué decir, lo mismo que la ingeniosa pero limitada bombilla pierde toda su utilidad cuando brilla el deslumbrante sol de mediodía. Sin embargo aquí, en el subterráneo del metro, en este ámbito intuitivamente hostil y próximo a la violencia, el ideal ético es lo más alto que puedo proponerme... salvo que el amor diga de pronto su enigmática e imprevisible palabra. Porque también en el metro puede uno enamorarse y sentir en el marco más improbable el feroz y tierno despertar del sol.

¿Qué es el amor? La palabra es lo suficientemente vaga como para que sea lícitamente muchas cosas, y las definiciones más autorizadas no saben darnos más que una perspectiva, un punto de vista. Para Spinoza, se trata de «la idea de alegría acompañada de una causa externa», lo cual es ingenuamente amplio, pues me permite decir que me enamoro del pollo asado cuando tengo hambre.*
Stendhal, en su penetrante y clásica doctrina de la cristalización sentimental, nos lo define como «sentir el placer de ver, tocar, conocer con todos los sentidos, lo más cerca

* Aunque también fue Spinoza quien dijo, ya mas atinadamente, que "amar a otro consiste en querer ser causa de su alegría."

posible, un objeto amable y que nos es amable»; definición demasiado sensualista, que limita más de lo debido el alcance del amor y que habla inaceptablemente de «objeto» donde debería decir *persona* (aunque es probable que Stendhal acotase que «objeto amable» sólo lo puede ser propiamente una persona). Max Scheler, después de purificarle de sus miasmas psicológicos y de los fenómenos concomitantes que tienden a subrayar o rebajar el amor cuyo soporte es el hombre, lo define como «la tendencia o el acto que trata de conducir cada cosa hacia la perfección que le es peculiar... la esencia del amor es la acción edificante y edificadora en y sobre el mundo» (*Ordo amoris*). Para completar esta caracterización cita a Goethe: «Quien mira en silencio en torno suyo, ve como edifica el amor.» Sin querer hacer un fácil juego de palabras, me parece una visión demasiado «edificante». El amor no tiene un propósito tan neto y constructivo, ni se preocupa por alcanzar la perfección de cada cosa (más bien la descubre, siempre que «cosa» se entienda como «cosa infinita» o personal), destruye y pierde tanto como edifica, aniquila y crea, a veces, en un mismo ímpetu, nunca pospone lo amado a valor alguno, ni siquiera para alzarlo hasta él. No tiene proyectos ni *hace* nada, aunque a través de él y por su remolino se hagan tantas cosas. Hay en el amor una aguda y completa abolición del tiempo, más perfecta que la efectuada por la ética; ésta, como dijimos antes, recoge y concentra toda su fuerza en el *kairós* del presente, donde laten con peso no determinante las lecciones de la tradición y el ideal venidero: pero el amor disuelve totalmente la realidad del *antes* y se desentiende sin remilgos del *después*, niega su parentesco incluso con el presente. Si el amor es en verdad eterno, lo es en cuanto eternidad implica no infinitud sino negación del tiempo. ¿Sabe el amor que el tiempo existe? Lo sabe: el tiempo es la pérdida o el silencio del amor.

Habló Rimbaud de que es preciso «reinventar el amor». Pero se diría que es condición intrínseca del amor reinventarse perpetuamente, derrotar las formas de cristalización habituales a las que se le quiere resignar. El amor nunca *suele*, es siempre insólito. Por eso conserva sin cesar vivo su rasgo fundamental, en el que nunca se insistirá bastante: el *entusiasmo*, donde se juntan alborozo, arrebato y asombro. Reinventémosle pues de nuevo, al menos con las palabras: *amor es la afirmación entusiasta e incondicional de la existencia de otro*. No pone condiciones a la existencia del otro, no la subordina a ningún valor o proyecto, no da razones tampoco para su exaltada aprobación; desconoce la tibieza, la indiferencia, la simple tolerancia: el otro me entusiasma, me subyuga. El otro puede ser cualquiera, un hijo o un amigo, la «hermosa desconocida que entrega su cuerpo y calla su nombre» o la compañera de toda la vida, un líder carismático, un gran artista, el minusválido «que nunca llegará a nada», el más pobre o el más dominante, mi hermano, cierto poeta del cual leí un verso que luego olvidé, quien me salva o quien provocará mi perdición. El otro es cualquiera, pero singular, irrepetible: *amar es descubrir la singularidad; en el amor se revela lo incomparable*. No hay amor universal, no puede haber nada de genérico en el amor: el más grande y ancho corazón ama siempre de uno en uno. El amor descubre la verdad del otro, pero esta «verdad» no es una mejor información sobre sus características psicológicas, un superior conocimiento de sus reacciones, motivos o capacidades, de su «historia»: ante todas estas informaciones el amor permanece obstinadamente *ciego*. El amor descubre el valor del otro, pero tal «valor» no es su categoría ética, el nivel de su virtud, las posibilidades de su energía o el esplendor de su belleza, lo que en él mejor quiere: el entusiasmo del amor no admite ninguna tabla universal de valores, reinventa en cada caso el baremo por el que juzgará. Y recordemos que, como dijo profundamente Nietzsche, «*sólo el amor puede juzgar*». La verdad del otro, el valor del otro, maneras de hablar de la singularidad irrepetible del otro, afirmada sin reservas, exaltada, *recreada* en mi corazón. Lo que en el otro hay de inmortal —es decir, lo más frágil, lo que irremediablemente desaparecerá con él— halla en mí vibrante y espontánea, inmediata confirmación.

Donde el amor se instaura, sobra la ética y deja de tener sentido la virtud. Los objetivos de la virtud, lo que quieren conseguir valor, generosidad, humanidad, solidaridad, justicia, etc... lo logra el amor sin proponérselo siquiera, sin esfuerzo ni disciplina. Y lo logra a su modo, nada o muy poco moral, cobarde, rapaz, injusto, inhumano... El amor acierta lo que quiere la virtud mucho mejor que la virtud misma. En la relación amorosa se nos revela por fin el verdadero contenido de la ética, a lo que ésta aspira de modo militante y arriscado, conmovedoramente insuficiente. Pero que esto no nos engañe: la ética es insustituible, no puede ser suplantada del todo por el amor. En primer término, el amor no tiene Ley, no conoce la universalidad ni puede imponerse a la conciencia por medio de fórmula alguna. Llega y se va cuando quiere; ya hemos dicho que nada puede hacerse con él, porque no es proyectable, no surge de un propósito ni delibera sobre sus objetivos. Pero además el amor no es obligadamente recíproco, no exige para darse estricta y reversible correspondencia. Uno puede ser amado sin amar o amar sin serlo: la *desdicha* forma parte del planteamiento mismo, de la entraña secreta del amor, como una siempre presente posibilidad. La ética trata de vencer a la desdicha y conjurarla por medio de una limpia y enérgica voluntad de valor; pero en el amor la presencia de la desdicha es invencible, nada puede oponérsele. Purgado de su siempre presente posibilidad de desdicha, el amor deja de ser lo que es, se aniquila.* *Se alimenta el júbilo amoroso de la desdicha que le acecha o le desgarra, tal como el bien que la ética se propone hunde sus raíces en el mal.* La ética exige reciprocidad, reversibilidad del don: el reconocimiento que ofrece no tiene sentido más que *devuelto*, la obligación que el otro nos impone es la misma que representamos para él. El cuidado ético del mundo consiste en asumir con todas sus implicaciones la esencial igualdad de los hombres. Pero el amor *no sabe* ser recíproco ni igualitario: no lo es ni siquiera el amor correspondido. La afirmación entusiasta e incondicional de la singularidad del otro es una revelación incomparable, no puede ser devuelto. Puede darse algo a cambio, otra afirmación no menos única e irrepetible, pero jamás idéntica; por el contrario, ha de ser radical, esencialmente diferente. De ti para mí y de mí para ti, el amor cambia de *cualidad*, se hace otro, no menos singular, único. El reconocimiento que el amor aporta no es estrictamente *del* otro ni *en* el otro, pues ni se preocupa por situarlo en la escala jerárquica de la social ni tampoco es recíproco e igualitario; es anulación de la otredad misma, consideración del otro como si ya no lo fuese, como si nada —ni yo mismo siquiera— existiese en el mundo salvo él... como si nada existiese o pudiera existir *así*. Más que un *saber del* otro, el amor nos da su *sabor*. De aquí que nada vigorice tanto como ser amado: amar a otro es aislarle y exaltarle de tal modo que equivale casi a proclamarle *causa sui*. Por eso decía Goethe: «Sentirse amado da más fuerza que sentirse fuerte». Quién nos ama nos brinda graciosamente ese don de vigor incorruptible que todo el esfuerzo heroico se propone y nunca llega del todo a con-

---

* Recordemos las hermosas palabras de Albert Camus: "Los que se aman, los amigos, los amantes, saben que el amor no es solamente una fulguración, sino también una larga y dolorosa lucha en las tinieblas por el reconocimiento y la reconciliación definitivas" (*L'homme revolté*).

seguir. Quien nos ama nos ve ya *rescatados,* tal como ni nosotros mismos lograremos vernos. El sublime sueño de un Dios de Amor postula que haya alguien que nos vea siempre a todos así; una Persona Infinita, frente a la cual todos pudiéramos ver confirmada la infinitud de nuestra singularidad. La causa de todo anulándose por amor a cada cual y devolviendo a la irrepetibilidad de cada uno la fundamentación de su origen... Pero el Dios racional y filosófico es amado y no sabe amar. El Dios de Aristóteles atrae a todo lo existente y todo lo mueve por el amor que suscita, pero a su vez no puede devolver el amor que singulariza. ¿Proviene de aquí acaso la melancolía de toda finitud de que hablaba Schelling? Tampoco Spinoza, que cifra la beatitud misma en el amor intelectual a Dios, espera ser amado por Este como contrapartida. Borges lo expresa así en dos bellos versos de su poema «Baruch Spinoza» (en *La moneda de hierro*):

«El más pródigo amor le fue otorgado,
El amor que no espera ser amado.»

Beatitud y desdicha del amor, ardor que alboroza y que consume: aunque nada puede exigirse ni reivindicarse, creo, sin embargo, que amar es siempre permanecer esperanzadamente abierto al inapreciable milagro de ser por fin amado.

El amor paradigmático, la clase de amor que usurpa y monopoliza el término, es el amor de los amantes. El peso de la sexualidad, sin embargo, contribuye poco a singularizar al otro: «hacer el amor» suele tener mucho de servicio público... Por medio del erotismo nos rebelamos contra las exigencias generalizadoras de la especie, cuyos fines descartan fatídicamente nuestra individualidad tras haberla utilizado del modo más «personal» posible. A poco que se mire, hay mucho más contenido ético en el erotismo que en la procreación. En el amor de los amantes se compromete la desconcertante inocencia de los sentidos, pero trascendida —hecha libre y por tanto culpable— por la vocación de alcanzar una experiencia límite, algo que supere con su intensidad la instrumentalidad específica y nos revele lo incomparable y singular en la efusión misma que anula la individualidad. El cuerpo se espiritualiza del todo y presta al éxtasis la inmediatez de su energía; retraerse ante la plenitud sensorial, corporal, priva al amor de su realidad más gozosamente humana, más audaz. Como dice Bergamín, «la sensualidad sin amor es pecado; el amor sin sensualidad es peor que pecado» (*El cohete y la estrella*). Recordemos que «no sabemos lo que puede un cuerpo»: el erotismo pretende explorar esas posibilidades para orientarlas hacia el amor, es decir, hacia la afirmación entusiasta de lo singular. ¿Tiene algo que ver la moral con el erotismo? Georges Bataille, por ejemplo, en la primera línea de *Las lágrimas de Eros*, lo niega rotundamente. Los amantes escapan a la moral, aunque no al *código*: más que reconocerse en el sentido ético de la expresión, se hacen señales... Y, sin embargo, también en este campo se habla de «instrumentalizar al otro», de convertirle en «objeto», de explotarle. ¿Forman estos desacatos parte propiamente del mal moral o pertenecen más bien a la inevitable desdicha del amor? Pues nunca tal desdicha parece sentirse tan agudamente como en el amor de los amantes. Y todos los males antedichos provienen, en buena medida, de que uno de los amantes permanece en el amor, es decir, en la abolición del tiempo, y el otro, en cambio, ya está (o nunca ha dejado de estar) en el tiempo, es decir, en el destierro del amor. Desequilibrio de la reciprocidad imposible, a veces maravillosamente armonizada y de tal modo que la improbabilidad del encuentro redobla el júbilo. Ante la moralina que previene contra los «males» de la promiscuidad o trata de crear responsabilidades sin atender al gozo, el amor de los amantes se rebela y con razón. Porque no es el moralista quien tiene aquí la palabra más orientadora, sino el poeta; y en algunos casos con categoría insuperablemente ética y estética a la vez, como ahora Verlaine:

> «Amants qui seraient des amis
> Nuls serments et toujours fidèles,
> Tout donné sans rien de promis,
> Tel nous, et nos morales telles.»

Capítulo XII

Lo sagrado

Durante mucho tiempo se consideró a la moral algo así como el conjunto de conclusiones prácticas de la creencia religiosa, las *ordenanzas* de la religión. Para un cristiano, la moral no tiene otro auténtico fundamento que la Ley de Dios (al menos para un cristiano *mosaico*, institucionalista, pues Kierkegaard pensó de modo diferente). Todavía en el siglo pasado, Dostoiewski hace decir a uno de los hermanos Karamazov: «Si Dios no existe, todo está permitido». La moral es un *freno* y la rienda que lo maneja está sujeta por el puño de Dios; si falta este Auriga, el animal humano está condenado (¿o autorizado?) a desbocarse. Más adelante, la ética se convierte en la variante laica de la religión, en la religión de los no creyentes. Se mantiene el freno, pero el auriga ha sido interiorizado y viaja dentro de cada cual, en forma de respeto a la Ley. Como Nietzsche advirtió con su implacable lucidez, era el Dios trascendente, el Dios de la Iglesia quien había muerto pero el Dios moral todavía se conservaba tan vigente como antes. Etica *o* religión equivale a Dios-moral dentro o Dios-moral fuera; la ética *como* religión y la religión «progresista y hegeliana» reducida a ética, contra la que se rebeló Kierkegaard. Caso semejante, por cierto, a lo ocurrido con el dictamen lacaniano de «psicoanálisis *o* religión», propia de una época en que el análisis es una religión y la religión se psicologiza a ojos vistas: castración inmanente o trascendente, limitación de la Ley inscrita dentro o proyectada fuera, etcétera... Penúltimo avatar próximo de la serie, la reciente ordenación educativa de la timorata democracia española, según la cual los alumnos han de elegir en el bachillerato **entre cursar**, como siempre, la asignatura de religión o sustituirla por una de ética. Los contenidos difieren poco (no es raro que sea el mismo cura quien imparta ambas materias) y plantean bruscamente a la perplejidad juvenil temas «candentes»: el aborto, el divorcio, la droga... Los alumnos terminan suponiendo que la ética es una especie de higiene o gimnasia que aconseja lo que uno debe hacer con el cuerpo; pocos llegan a advertir que, en realidad, a la ética no le preocupa más que lo que uno puede hacer con su alma.

Dejemos a la religión, a la ética como freno, al psicoanálisis como necesidad de la castración: dejemos de lado las instituciones, lo establecido para administrar lo irremediable. Volvamos a la libertad, que es de lo que hemos venido hablando todo este libro; volvamos también a la *imaginación*. La conciencia de nuestra libertad nos viene por vía imaginativa, ideal: es la imaginación lo que nos recuerda aquello de que somos capaces y todo lo que, desesperada y delirantemente, queremos, es decir, creemos merecer. Pero la imaginación, bueno, todo el mundo sabe que lo que imaginamos no es *real;* por un lado está la realidad, con la que no puede jugarse impunemente, y por otro va agitando su tirso («Telo manenai», quiero enloquecer, le escribía Strindberg a Nietzsche al final de la cordura de éste) la desvariante imaginación. No se debe confundir lo imaginario con lo real, se nos recuerda severamente. La imaginación tiene dos usos: uno reproductor, en función de lo real y destinado a dar cuenta invariable y firme de lo que hay, uso razonador y matemático; otro creador, cuya función es mostrar lo real como irreal y lo irreal como realizable, negador de lo necesario e inventor de lo posible, uso poético, ético y religioso. Contra el primero, ningún censor por severo que sea tendrá nada que objetar: cuanto más se le desarrolle, mejor, todo perfeccionamiento que se le añada parece poco; pero el otro es muy peligroso, neurotizador, debe ser administrado *cum grano salis*, un poco ya es casi demasiado, debe estar bajo control permanente y no se le debe encomendar ninguna decisión seria. Lo que el primero de esos usos dice del segundo es la *verdad* de éste y por ende le domina; lo que el segundo dice sobre el primero es pataleo impotente, mixtificación o locura. Poner el uso creador de la imaginación al servicio del uso reproductor, como estímulo o adorno de éste, es cosa que todos los representantes de lo establecido aplaudirán sin reservas; pero disponer del potencial argumentativo del uso reproductor para servir a los propósitos de la imaginación creadora (tal como hizo Nietzsche, Kierkegaard, Bataille, tal como se ha intentado a lo largo de estas páginas) es renunciar a la verdad de la ciencia y pasarse a la ficción literaria (pues la literatura, por lo visto, ni sabe ni quiere saber nada de la verdad).

Lo cierto es que nos *avergonzamos* de la imaginación creadora, es decir, de la conciencia de la libertad. Sólo cuando llegamos a verla convertida en Iglesia, esclerotizada y hecha necesidad, nos es de nuevo digerible y nos parece «decente». Pero en crudo, nos escandalizamos no poco de la espontaneidad vertiginosa de nuestra intimidad. «Cuando contamos nuestras imaginaciones, revelamos nuestra alma. La vergüenza que sentimos concierne menos al contenido de la fantasía que a su simple existencia: la revelación de la imaginación es la salida a la superficie del espíritu incontrolable y espontáneo, parte divina e inmortal del alma, la *memoria Dei*. Es la vergüenza del sacrilegio lo que experimentamos: la revelación de nuestras fantasías revela lo divino y por consecuente *nuestras fantasías nos son extrañas porque no nos pertenecen.* Salen del fondo transpersonal de la naturaleza, del espíritu o de lo divino, aunque se personalizan a través de nuestra vida impulsan nuestra personalidad a realizar actos míticos» (James Hillman, *El mito del psicoanálisis*). Lo que nos azora de la imaginación es que no nos pertenece, más bien somos nosotros quienes la pertenecemos. Porque *aquello* de lo que la imaginación brota, que es lo mismo en lo que la libertad se funda, no es algo que esté en nosotros, ni tampoco algo que nos domine o rija desde fuera de nosotros. Ni psicoanálisis ni religión, ni fuera ni dentro, ni inmanente ni trascendente. *Precisamente lo que la imaginación creadora revela es la anulación en un punto originario del principio de no contradicción en el que estas oposiciones se sustentan.* Lo que el principio de no contradicción asegura como lo más firme y estable, base sobre la que se cimenta el uso reproductor de la imaginación, es la oposición entre aquello que me sirve y aquello a lo que debo servir. Me sirvo de mis fuerzas, de mi capacidad de cálculo, de mi autodominio o mi determinación; tengo que servir a las leyes naturales, a mis impulsos instintivos, a las autoridades, a lo útil, a los dioses. Pero la imaginación creadora anula esta oposición fundamental: puedo ponerme objetivos, utilizarme para determinados fines, pero a la vez estoy más allá de cualquier servicio, de cualquier necesidad de servir. Puedo convertirlo todo en útil, pero a la vez mi condición íntima rechaza toda noción de utilidad: el corazón de mi verdad es que no he nacido para servir, ni sirvo ni soy siervo, estoy emparentado con todo lo que trasciende la necesidad, con lo puramente incondicional. Me veo sometido al orden de lo real y me sé instrumento, menesterosidad; pero me veo también como dueño y legislador, finalidad libre que doblega lo real a sus designios; y aún más allá, más adentro, me veo sin propósitos, sin dar órdenes ni recibirlas, juntamente en la plenitud y el vacío. Y todos estos niveles se dan a la vez y todos son igualmente reales, contra lo que el ordenancismo del principio de no contradicción quisiera determinar y delimitar.

A *aquello* de lo que brota la imaginación creadora y en lo que la libertad se funda, podemos llamarlo «sagrado». Los dioses, nuestros arquetipos simbólicos, pueden ser producto de la imaginación creadora, pero lo sagrado en cambio es origen de ésta. En su libro bellísimo y penetrante sobre el tema dice María Zambrano: «Definir los dioses es inventarlos como dioses, más no es inventar la oscura matriz de la vida de donde estos dioses fueron naciendo a la luz. Sólo en la luz son divinos; antes eran eso que sólo diciendo "sagrado" nos parece dar un poco de claridad. Porque lo sagrado es oscuro, y es ambiguo, ambivalente, apegado a un lugar. Lo sagrado no está enseñoreado del espacio, ni del tiempo; es el fondo oscuro de la vida: secreto, inaccesible. Es el arcano» (*El hombre y lo divino*). No es lo sagrado señor del tiempo y del espacio como el dominio abstracto, utilitario y utilizador; pero se apega a los lugares, a los momentos privilegiados, es concreto sin perder su enigmática ambivalencia. Los dioses son definiciones recortadas en lo sagrado por la imaginación con el propósito de realizar lo irreal, de aumentar nuestro sentimiento de poder, de luchar contra la sumisión a la necesidad y la instrumentalización: sin embargo, en cierta medida, la misma invención de dioses supone una *utilización* de lo sagrado. Pero merced al rostro de los dioses y a los arquetipos simbólicos (con todos sus velos y ambigüedades), el alma se va familiarizando con lo sagrado. Pues *lo sagrado es extrañeza en estado puro*, es lo absolutamente otro; algo del azoro y la extrañeza de lo sagrado sentimos al avergonzarnos de nuestras turbadoras fantasías o de nuestros sueños. Todo aquello en que se revela lo auténticamente otro, lo que escapa a nuestras categorías o a nuestra voluntad, lo inhumano, lo imprevisto, lo incontrolable, tiene algo de sagrado: sea la naturaleza o la violencia sin cálculo, la enfermedad o lo inexplicable, el azar, la muerte. También el erotismo y en general todo amor. Los dioses son las simbolizaciones preferentes de las diversas manifestaciones de lo sagrado, por las que nos aproximamos a la extrañeza con mayor familiaridad pero sin dejar de sentir el temblor del asombro.* A este tipo de relación con lo sagrado es a lo que ya hemos llamado antes *piedad*, que exactamente consiste en «saber tratar adecuadamente con lo otro» (Zambrano, *ibídem*).

La piedad es cosa muy distinta de la *fe*, prototipo de zozobra abstracta, *ideológica* (más tarde veremos en Kierkegaard y Chestov su más respetable manifestación). La piedad no cree en la existencia «verdadera» (sea eso lo que fuere) de los dioses o los mitos, ni por supuesto deja de creer en ella; tampoco se confía a los dioses o les abre ilimitado crédito. La piedad es menos científica y más psicológica, menos obediente y más activa, menos sumisa y más respetuosa. No trata de verificar, demostrar o establecer dogmáticamente (no es teórica), sino que más bien pretende equilibrar, experimentar y hacer valer: es una actitud resueltamente práctica. La imaginación extrae su brío del fondo inagotable de lo sagrado a fin de enriquecer piadosamente nuestra repetitiva y limitada —me-

---

* Desde el misterio y la imagen, los dioses resguardan también la conciencia de los límites —en la que consiste la noción intuitiva de *licitud*— y proscriben la monstruosidad transgresora que precipita al mundo en lo informe. "Allá donde la imagen futura es sentida como escandalosa, cuando por ejemplo presenta un perro sin cerebro o con dos cabezas, el escándalo toma su fuerza de lo que queda aún de religioso. Los dioses no sólo son protectores de las fronteras territoriales, sobre todo de las de la patria, sino también de la forma que, cuando es captada como divina, es forma bella. Por eso los dioses no soportan lo caótico y lo chtónico, la monstruosidad gigantesca" (Ernest Jünger, *An der Zeitmauer*). El horror que inspiran las divinidades que pueblan los relatos de Lovecraft proviene de su complicidad *sobrenatural* con el caos.

ramente utilitaria— noción de lo real. Un teólogo radical americano, William Hamilton, expone bien el sentido de lo que aquí se entiende por piedad: «No se trata de creer en los dioses ni de entregarnos a ellos, sino de ponerles en contribución para estructurar una experiencia de la vida cada vez más compleja y diversificada» (citado por David L. Miller, *El nuevo politeísmo*). Los poderes de la imaginación orientados por la piedad me reestructuran y me animan; cuando pretendo adoptar el punto de vista del héroe, imprescindible para desarrollar la voluntad de virtud y polarizarme hacia el ideal ético, necesito algo que me proteja y algo a lo que venerar: me hace falta para ejercer lo más alto de mi vigor identificarme con un arquetipo mítico y sentir la mano del dios sobre mi hombro. Y todo esto no tiene nada que ver con las «creencias» religiosas (en cuanto a «creencias», bien puedo preferir ser perfectamente ateo),* sino con la función mitopoética o, mejor, *teogónica*. En lo que Jung llamó «imaginación activa» se reúnen «en un equilibrio sutil estas tres facultades: una voluntad activa, un entendimiento que interpreta y el movimiento autónomo de la fantasía» (Hillman, *ibidem*). Merced a este complejo de poderes imaginarios, el alma utiliza la extrañeza radical del mundo para ir más allá de lo real. La intimidad desgarrada por el enfrentamiento entre egoísmo e identidad, el yo atemorizado que se debate entre el ogro punitivo y el ciego impulso incapaz de preservar la vida individual, el hombre al que la herramienta humaniza y a la vez amenaza con cosificar, son otros tantos *argumentos* plausibles de nuestra epopeya: sin la contribución de la imaginación activa desembocarán en rutina, locura y autodestrucción. Pero es precisamente en los casos de conflicto, en los que mi creativi-

---

* Lo sagrado *no* es monopolio de los curas y sus doctrinas, lo mismo que los sueños *no* pertenecen a los psicoanalistas y sus teorías: estas dos burocracias son *parásitos* de la imaginación creadora de los hombres.

dad y aun mi cordura se pueden ver amenazadas, cuando la piedad ha de serme de mayor ayuda. «Mis fantasías y mis síntomas me ponen en mi lugar. La cuestión no es saber de dónde proceden —de qué dios— sino de dónde procedo yo, a qué altar puedo confiarme, en qué mito mi sufrimiento podrá convertirse en devoción» (Hillman, *ibidem*).

La ética, pese a su suprema dignidad, aún guarda una deuda excesiva con lo útil, es decir, admite en cierto modo el poder de lo necesario aunque sea para desafiarlo. Pues la ética *sabe* que la más alta reconciliación entre lo que hago y lo que soy es imposible y sin embargo sigue recomendando actuar trágicamente como si lo posible siempre permaneciera abierto, pues su campo es el querer y no el saber: no debo dimitir pero tampoco pierdo la conciencia de que del todo nunca podré vencer. Si en algo se enraiza la llamada *obligación* moral es precisamente en esta imposibilidad asumida como posibilidad y que le hizo decir a Kant que la tarea propia del hombre no es ser feliz sino digno de la felicidad. A ciertas manifestaciones de la intimidad humana, empero, no les cuadra acomodarse resignadamente a esto. Incluso la operación equilibradora de la piedad por vía imaginaria les parece un conformismo demasiado *servicial* (intolerablemente servicial) con lo necesario. Todas las acciones concretas tienen méritos utilitarios y se ganan su valoración positiva como instrumentos para favorecer la comunidad o facilitar la vida. Aún se puede ir más allá en la ruptura de lazos con la coacción de lo necesario. «La oposición fundamental de lo divino a la cosa, de la intimidad divina al mundo de la operación, aparece en la negación del valor de las obras, en la afirmación de una entera ausencia de relación entre la gracia divina y los méritos» (Georges Bataille, *Teoría de la religión*). Tal es la más radical y, digamos sin atisbo siquiera de matiz peyorativo, la más *antinatural* de las propuestas religiosas, la de la *sola fi-*

des luterana desarrollada filosóficamente por Kierkegaard, Chestov, Benjamin Fondane, etc... Para Kierkegaard, el auténtico contenido de la fe, es decir, «Dios existe», ha de ser leído así: «*Todo es posible*». El hombre normal, el refinado hedonista que lleva una vida estética, incluso el esforzado cumplidor del deber ético, todos viven sometidos a lo necesario: para ellos, dos y dos son forzosamente cuatro, el tiempo es irreversible, Sócrates bebió la cicuta, Abraham no debe sacrificar a Isaac (puesto que el crimen es el crimen), el pastorcillo no se casará con la princesa ya que ésta preferirá al hijo del rico cervecero, Soeren no tendrá segunda oportunidad y habrá perdido para siempre a Regina Olsen. Pero el *caballero de la fe*, cuya vida exteriormente en nada se diferencia quizá de la cotidianidad más común, vive permanentemente azotado por lo infinito y afincado en el portento: el interlocutor reconocido por su alma es una Entidad pavorosa para la que dos y dos pueden ser cinco o cero, para la que el tiempo no existe y nada ha ocurrido irremediablemente, para quien no rigen siquiera el respeto a la vida humana y a los más altos preceptos de la moralidad. El caballero de la fe sufre los mayores desgarramientos, pero no es víctima de la necesidad sino de una voluntad y puede pedir, como lo hizo Job, un mediador entre Dios y él; el caballero de la fe puede llevar una vida rutinaria pero su rutina está trascendida porque sabe que la repetición es posible. La Iglesia establecida acata la necesidad, se acoge a las leyes de la lógica y de la ética, predica un Dios razonable y útil para la serenidad intelectual; un Dios que no puede quitarlo todo (tiene sus reglas de juego, sus verdades eternas) pero que tampoco puede darlo todo. ¿Qué ha guiado o desviado la búsqueda religiosa de estos teólogos oficiales? «En lugar de buscar a Dios en el dominio de *antes* del pecado, de *antes*, de la ciencia: en el de la libertad —lo buscaron en el dominio de *después* del pecado, de *después* de la ciencia: en el dominio de la obediencia, de la necesidad y de la muerte» (Benjamin Fondane, *La conscience malheureuse*).* El humanismo, llevado por un supuesto amor al hombre, lo condena a vivir doblegado ante lo irremediable y le priva de su parentesco con aquello cuyo poder no conoce límites y cuya voluntad no acepta coacción de ningún tipo. Las Iglesias y la iglesia laica del humanismo no son sino formas de administrar la resignación y acomodar al hombre a su impotencia y a su muerte. Hasta la fe se ha contagiado de los modos coactivos de la necesidad y se habla de que la fe «obliga» a creer tal o cual cosa, lo mismo que estamos «obligados» a creer que si todos los hombres son mortales y Sócrates es hombre, Sócrates ha de ser mortal. Pero Kierkegaard o Chestov imaginan *otro* humanismo: «El único objetivo de un verdadero humanismo debería ser solamente protestar contra la coacción, contra toda coacción. Nadie debería verse obligado, ni a creer ni a no creer; la fe que «obliga» no es la verdadera fe; no sigue siendo más que una razón que se ignora. Job no fue obligado por su Dios; ya es hora de que Parménides, a su vez, no se vea obligado por los fenómenos» (Fondane, *ibidem*).

«Haz lo que quieras», decía el frontis de la Abadía de Théleme en la obra maestra de Rabelais. La ética, más modesta, más realista o ¿quién sabe? —más altiva, recomienda: «quiere lo que haces», pues sabe que es más fácil querer poder que poder querer. Del funcionamiento de la voluntad también hay que decir varias cosas, aunque las tales no sabemos si nos remiten a la necesidad que rige hasta en la voluntad o a la voluntad que quiere

---

* El bloqueo de lo posible por las "verdades eternas" no es para Kierkegaard una consecuencia del pecado, sino el pecado mismo. En la obra de algunos escritores protestantes se percibe la misma sensación: el pecado como asfixia, como renuncia a la posibilidad. En un ensayo sobre Nathaniel Hawthorne, el crítico R. P. Blackmur señala: "Cuando toda posibilidad es desechada, *entonces* hemos pecado".

en y por tanto anula la necesidad. Haz lo que quieras, quiere lo que haces... El afán religioso más extremo, el sueño más audaz de la imaginación creadora es vencer definitivamente a la imaginación reproductora, derrotar a la realidad que todo —incluso la ética— representa. «No aceptar el tiempo, no aceptar la historia, exigir la libertad y el mando, tal puede ser en este mundo la oposición del hombre a la razón» (Fondane, *ibidem*). Aquí no hay más remedio que recordar a aquellos herejes del siglo XIV, los llamados Hermanos del Espíritu Libre, representantes particularmente destacados de una tradición dispersa, demente y genial que les precedió y que les continúa. «El corazón de la herejía —nos informa uno de los máximos especialistas en el tema, Norman Cohn— no era de hecho una idea filosófica en absoluto, sino una aspiración; era el apasionado deseo de ciertos seres humanos de sobrepasar la condición de la humandiad y de llegar a ser Dios» (*The pursuit of the Millenium*). No hay una herejía más desesperadamente humana: *quizá no hubiera nada de humano sin esta herejía...** Nietzsche llegó a decir que la razón de su ateísmo era no poder tolerar que hubiera un Dios en el universo y no ser él. Los Hermanos del Espíritu Libre no acataban ninguna autoridad religiosa ni civil, ni respetaban ninguna ley humana o divina; estos temibles superhombres de la declinante Edad Media llevaban una vida errante y desenfrenada y sus miembros no se reclutaban entre la élite —llegaron a ser muy numerosos— sino entre el pueblo llano, sin distinción de sexos, edades o preparación cultural. Dejemos que los sociólogos justifiquen, por las causas que les son inteligibles, la aparición del movimiento. Más vale escuchar

---

* Recordemos los versos de san Juan de la Cruz:
"Que estando la voluntad
de divinidad tocada,
no puede quedar pagada
sino con divinidad."

directamente las razones de los propios herejes, que calan hasta lo más hondo en apetencias que no nos atrevemos siquiera a confesarnos a nosotros mismos. Uno de sus más decididos adversarios ortodoxos, el teólogo Suso, místico católico, imagina así su diálogo con la aparición fantasmal de uno de ellos: «¿De dónde vienes? — De ninguna parte. Dime, ¿quién eres? — No soy. ¿Qué es lo que deseas? — No deseo. ¡Eso sí que es milagroso! Dime, ¿cuál es tu nombre? — Soy llamado Fiereza Sin Nombre (*Nameles Wildness*). ¿Hacia que objetivo te diriges? — Hacia la libertad sin trabas. Dime a qué llamas libertad sin trabas. — Cuando un hombre vive de acuerdo con todos sus caprichos sin distinguir entre Dios y él mismo, y sin preocuparse por el antes ni el después...» (Citado por N. Cohn, *ibidem*). ¡Fiereza Sin Nombre! De nuevo enlazamos aquí con Nietzsche (y también con Sade, como veremos en el epílogo). Nietzsche se alza contra el humanismo cristiano moralizador, representado por Cristo. Merced a su rebelión «el corazón de fuego de la fiera sería rescatado. Las entrañas sedientas de divinidad; el corazón oscuro de la tierra ascendería a la luz. Del animal que había insinuado el destino: "ser como dioses" y el águila —libertad viviente— le llegó a Nietzsche la inspiración que ordena al hombre que deje de ser el animal disidente, el que abandonó en la caverna originaria un trozo de su corazón condenado a no vivir. Lo divino ahora nace, no de la conciencia, ni del conocimiento, sino del originario corazón de la fiera que no conoce el temor» (Zambrano, *op. cit.*). Pero el rescate de la fiera es lo que precisamente sólo puede realizar el hombre más avanzado en el camino del espíritu. Lo inhumano y lo sobrehumano se alían contra las limitaciones de lo humano, demasiado humano, exclusiva y razonablemente humano. Escuchemos de nuevo el sermón subversivo de los Hermanos del Espíritu Libre, ahora sin tener por intermediario un teólogo adverso: «Cuando un hombre ha alcanzado verdaderamente el mayor y más alto conocimiento ya no está sujeto a observar ninguna ley ni ningún mandamiento, porque ha llegado a ser uno con Dios. Dios creó todas las cosas para servir a tal persona y todo lo que Dios ha creado es propiedad de tal hombre... Tomará de todas las criaturas tanto como su naturaleza desee y apetezca, y no tendrá ningún escrúpulo por ello, pues todas las cosas creadas son su propiedad... Un hombre al que todos los cielos sirven debe ser servido también por todas las criaturas y personas; y si alguno le desobedece, ése solamente es culpable» (citado por N. Cohn, *ibidem*). Este es el sueño de la *impecabilidad* que es el máximo anhelo de la imaginación creadora, porque en él se contiene la desculpabilización definitiva y radical de la voluntad.* La fe pretende devolver el poder sin trabas; la impecabilidad gnóstica, la inocencia sin mancha: ambas forman la plena libertad, que reclama una y otra vez la voluntad del hombre. Y no se crea que este tipo de ambición antinatural es patrimonio exclusivo de la tradición monoteísta judeocristiana; veamos para concluir un fragmento de poema tántrico citado por Henri Michaux y traducido por Octavio Paz en «Corriente alterna»:

«Inaccesible a las impregnaciones,
Gozando todos los goces,
Tocando todo como el viento,
Todo penetrándolo como el éter,
El yoguin siempre puro
Se baña en el río perpetuo.
Goza todos los goces y nada lo mancha.»

---

* La verdadera *redención* consiste en asumir y santificar la máxima indignidad moral. En sus *Tres versiones de Judas*, Berges imagina que no fue en Cristo en quien encarnó Dios, sino en Judas, asumiendo la humanidad en su degradación más íntima —la traición— y añadiéndole el supremo sacrificio de lo incógnito...

Capítulo XIII

La muerte

Cioran ha señalado en alguna ocasión que uno de los mayores cargos que cabe hacer contra la metafísica occidental es su empeño nada inocente de escamotear a toda costa el cadáver. La *meditatio mortis* se ha convertido injustificadamente para los profanos en una de las facetas más representativas del quehacer del filósofo, quien en realidad no la practica más que escasísimas veces —muchas menos que el soldado o el libertino— y siempre a regañadientes. Hamlet, respondiendo con sarcasmo pesaroso a la sonrisa de la calavera de Yorick, es símbolo del *spleen* o de la tentación de lo inane, no de la metafísica. Cierto que Platón dice que filosofar es prepararse para la muerte y por tanto no nos ahorra la ejemplar agonía de su maestro, pero este suceso lamentable, presentado de forma por demás edificante, impregna escasamente la tornasolada manificencia de un sistema celosamente opuesto a todo desvarío fúnebre. Cuando la muerte se manifiesta entre los silogismos o las máximas de algún metafísico, siempre parece haberse colado de rondón y es despachada con presurosa animosidad y excesiva elocuencia. Los filósofos condescienden a interesarse por la muerte para minimizarla o certificar su inexistencia, para proclamarla un sueño, un equívoco o la última prueba para el virtuoso. Ocurre con la muerte algo semejante a lo de ese otro gran exiliado, el mal, y este parentesco no es en modo alguno casual. La muerte... ¿a qué inquietarse, si cuando ella llegue nosotros ya no estaremos? Por ende, concluye Spinoza, el hombre libre en nada piensa menos que en la muerte. El hombre libre, es decir, el filósofo irremediablemente condenado a muerte. Hegel asume la aniquiladora paradoja que encierra el sistema de modo más equívoco y juntamente más honrado —«la muerte, si queremos llamar así a esa irrealidad, es la cosa más temible...»— y ni le tiembla el pulso al extender el certificado de defunción del individuo ni se detiene excesivamente para prestar oídos a las quejas de la finitud devastada. Estas quejas no surgen precisamente de la filosofía, sino que vienen de otros sitios, voces crueles y doloridas de los padres de la Iglesia, lamento de los poetas por el tiempo ido y la carne marchita, danzas de la muerte medievales, ayes de los agonizantes en el campo de batalla o en el lecho del hospital, visiones fúnebres o macabras de Holbein, de Grünewald o Durero, de Valdés Leal (leal sobre todo por el tema que le obsesionaba), o la imprecación feroz de aquel rey a sus tropas en desbandada: «Perros, ¿acaso queréis vivir eternamente?». Los ilustrados, los científicos, los razonadores en general ignoran la muerte con metódica aplicación; quizá fuese más exacto decir «ignoran el horror de la muerte», pero esa proposición encierra a fin de cuentas un pleonasmo, pues quien desdeña o esquiva el horror de la muerte nos hurta la muerte misma, que no es en principio sino horror. Patrimonio de Shakespeare, pero no de Aristóteles, disecada por Villon y traicionada por Leibniz, recurso oratorio de San Agustín pero no de Voltaire, es por cierto curioso que quienes han rehuido sistemáticamente el comercio con ella o se han especializado en fabricar lenitivos baratos contra su presencia inocultable pasen ante los ojos del vulgo por morosos contempladores, cuando no inventores, de sus prestigios.

Pero tras el ocaso de los grandes sistemas románticos, parece que el pensamiento post-hegeliano ha conocido por fin la incorporación del cadáver y su espanto (incurro voluntariamente en el ya señalado pleonasmo) a las preocupaciones especulativas. Reacción que comienza —como todo lo realmente subversivo de la filosofía moderna— con Schopenhauer y se prolonga en Kierkegaard, Nietzsche, Freud, los existencialistas, Bataille, Cioran, los frankfurtianos... La muerte se ha puesto filosóficamente de moda en el siglo XX y sería sin duda absurdo culpar exclusivamente de ello a dos atroces guerras mundiales, a las bombas atómicas o a los genocidios, a los campos de concentración, pues lo espeluznante nunca ha escaseado en la historia y nuestros días no son más pródigos en descuartizamientos y masacres que los de Tiglatt Pileser III o los de Luis XIV. La muerte siempre ha sido radicalmente *evidente*, pero también siempre se ha revelado opaca al pensamiento: para conocerla en toda su profundidad basta asistir al tránsito pacífico del abuelito y sobran las matanzas y los juegos sanguinarios de los tiranos. Si a partir de Hegel su presencia filosófica se ha intensificado, ello se debe a una mutación teórica y no a una acentuación de sus fastos en el mundo. El Sistema, en su insuperable apoteosis hegeliana, se reveló claramente como Estado, es decir, como administración de la muerte: pero éste es su rostro secreto, la verdad del discurso especulativo y también lo que tal discurso trata de ocultar a toda costa. El enemigo del Sistema —¿quién no lo ha sido tras Hegel, de un modo u otro?— decide pensar a éste como muerte, precisamente porque así alcanza de inmediato su más íntima verdad pero descalificándola en cierto modo al tiempo de alcanzarla, por la vía intuitiva del horror que se velaba. Muerte era la palabra que se callaba o se camuflaba con algún hipo del Absoluto en el idealismo; muerte y nada más la recompensa que el ciudadano recibía por su abnegada sumisión al supuesto Bien Común estatal, pues no otro bien común que la muerte sabe el Estado garantizar; presencia de la muerte lo que trataban de enmascarar las altas cátedras de la filosofía académica (ocupada en no entristecer jamás, como le reprochó Nietzsche) y atroz realidad de muerte lo que se producía en las fábricas, en las minas, en los campos de batalla y en las colonias de ultramar de las poderosas naciones industriales; lo que subyacía a la serena estructura familiar era muerte, muerte lo que se vendía como amor en los lechos burgueses, muerte lo que se encerraba en los asilos, en las prisiones, en los manicomios; el torturado y clarividente predicador danés que inventó la angustia supo también que era muerte y corrupción lo que se expectoraba desde los púlpitos, en el confortable calorcillo de los templos. De pronto la muerte saltó a la palestra, se acercó a las candilejas, saludó y comenzó a desnudar sus morbideces de esqueleto. Pero no todos los curiosos que a partir de entonces se inclinan sobre sus oscuros encantos van a ahorrarse los subterfugios y las lindezas que definieron la relación de buena parte de la vieja filosofía con la aniquilación postrera: muchos recaerán en lo divagatorio, lo tranquilizador o lo trivial. Al hablar de la muerte, algunos parecen hacerlo sólo para consolar o para matar el rato... Otros acumulan noticias, rituales, minucias biológicas, datos, por si alguien no sabe lo suficiente sobre el caso.

Al final de su *Dialéctica negativa*, señaló Adorno: «Las reflexiones que le buscan un sentido a la muerte son tan desvalidas como las afirmaciones tautológicas sobre ella.» A esto puede añadirse que las unas resbalan insensiblemente hasta convertirse en las otras, muchas veces por estigma grabado desde un comienzo en el mismo proyecto teórico. El tema de la muerte se resiste no menos a *integrarse* en el marco descriptivo de las diversas formas de cesación de lo real que a conformarse con un sentido especulativo, por privilegiado que sea. *En ese repudio de todas las categorías de lo real y de todos los sentidos tenemos precisamente la señal más cierta de que es auténticamente la muerte lo que ocupa nuestra meditación.* La muerte no es un tema sino un obstáculo para el pensamiento: un bloqueo o cortocircuito más que un desafío teórico. La muerte se contempla, pero no hay forma de pensarla: por eso ha tentado más a los monjes o a los juerguistas que a los teorizadores. En el fondo, pensar es también manejar, intentar sacar provecho, poner a nuestro servicio, doblegar lo que hay a lo que quiero: pero con la muerte no hay nada qué hacer, nunca me servirá para nada (me servirá más bien la nada en oscura bandeja), ninguna ventaja ni provecho puedo sacar de ella pues todas exigen para su disfrute lo que ella me quita. Me refiero por supuesto a *mi* muerte (es decir, a lo que para mí es muerte, aunque a través de la cesación de otro), pues la muerte sólo respecto a mí cobra su pleno sentido. La muerte de los otros, la muerte que reparto o que por el mundo corre suelta, ésa bien puede serme sumamente útil: de hecho, nada tiene más usos ni favorece más empresas que la ajena muerte y, sobre todo, lo que la prepara, lo que la promete, lo que la conjura, dulcifica o garantiza. En su desigual y sugestivo ensayo *Masa y poder*, Elias Canetti expone la teoría del *superviviente*: nada proporciona más sensación de poder que ver al *otro* yacer cadáver a mis pies, sentirme circundado y respetado por la muerte, verla golpear y no elegirme. El superviviente está como vacunado contra la muerte y exhala un cierto aroma de invulnerabilidad: de ahí el aura vital y vigorosa que rodea a los que se frotan habitualmente con la muerte sin contagiarse de ella, los toreros, los alpinistas, los soldados que han escapado a la masacre con sólo heridas o mutilaciones... Y de aquí también los estallidos de frenesí vital que siguen a las guerras, el impulso orgiástico que celebra el final del bombardeo. Los grandes capitanes militares han buscado siempre la regeneración periódica de su esplendor en frecuentes y patrióticos baños de sangre: bien saben que los caídos no podrán protestar y los supervivientes les quedarán unidos por un vínculo profundo de vitalidad restaurada, renacida de entre los prójimos muertos. ¿Es el instinto de muerte lo que precipita las naciones a la guerra, como supuso Freud? Más bien creo que es el ansia de inmortalidad, de revigorizarse con la muerte de los otros, de dar ocasión a la muerte de que elija a los suyos para que los demás queden confirmados, reafirmados en la vida. ¡Qué terrible sensación de poder ha de inyectar el ser uno de los pocos supervivientes de un cataclismo nuclear! La escena final del *Doctor Strangelove* de Kubrick muestra el deleite anticipado del científico loco y sus secuaces militares ante la nueva vida que iniciarán en los refugios antiatómicos, cuando la mayor parte de la humanidad haya sido destruida y sólo queden unos pocos machos para poseer el mundo y fecundar a las hembras...

Pero volvamos a *mi* muerte, a mi propia entrada en la desaparición. Decía que no puedo pensarla porque no soy capaz de manejarla en modo alguno, porque no sé qué hacer con ella. Quisiera que alguien se llevara de mí esta muerte que me estorba, que me aturde. Que me la quiten de encima, porque la tengo encima *ya*. Aquí está lo esencial: lo más punzante del tema de la muerte es que no nos referimos a un acontecimiento futuro, a un último hecho que ineluctablemente tendrá lugar pero que ahora es sólo una sombra o una posibilidad (la posibilidad de la imposibilidad, según Heidegger). La muerte nos preocupa porque es ya la realidad de nuestro presente. Quisiéramos sacudirnos la muerte y proyectarla lejos, pero rebota incesantemente sobre nuestro presente subvertido. La muerte es el mensaje que nos envía el futuro, la lección que nos recuerda el pasado. No es tanto el final de la vida como su mayor obstáculo, lo que ya *ahora mismo* la roe y zapa. Decía Lichtemberg: «No puedo librarme de la idea de que he muerto antes de haber nacido.» Pues bien, ¿no es ése precisamente el problema? La muerte no me aguarda, sino que me preexiste; no voy hacia ella, sino que estoy instalado en ella desde el momento mismo de nacer. San Agustín lo explicó con su habitual sutileza y brío en el libro XIII de su *De Civitate Dei*: «Por tanto, si cada uno comienza a morir, o sea, a estar en la muerte, desde el instante en que comienza a obrarse en él la muerte, es decir, la sustracción de la vida, pues que, terminada ya la sustracción, estará ya después de la muerte, no en la muerte, es indudable que *desde que comenzamos a existir en este cuerpo estamos en la muerte*. ¿Qué otra cosa se hace en cada día, en cada hora y en cada momento hasta que, apurada la última gota de la vida, se completa la muerte que iba obrándose y comienza a existir ya el tiempo posterior a la muerte que en el *fieri* de la sustracción de la vida estaba en la muerte? Si, pues, el hombre no puede estar a la vez en vida y en la muerte, nunca jamás, desde que mora en este cuerpo moribundo más bien que viviente, está en vida. ¿O diremos que está a la vez en vida y en muerte, es decir, en la vida que vive hasta que le sea sustraída toda, y en la muerte con que ya muere cuando le es sustraída la vida? Porque, si no está en vida, ¿qué es lo que se le sustrae hasta que se realice su perfecta consumación? Y si no está en muerte, ¿qué es la sustracción de la vida? No en vano se dice que, una vez sustraída al cuerpo toda la vida, está ya después de la muerte. Existía la muerte cuando se le sustraía la vida. Y si, sustraída la vida, no está el hombre en la muerte sino después de la muerte, ¿cuándo estará en la muerte sino cuando le es sustraída?» Es ahora cuando muero; la propia muerte es mi forma de sentir la vida, como incesante pérdida que sólo acabará cuando muerte y vida se hayan agotado juntamente. *No hay otra muerte más que la vida misma ni otra vida que aquello a lo que con temor muerte llamamos.*

¿Qué puede decir la ética de la muerte? ¿Sabrá o querrá decir algo *contra* la muerte? Como ya hemos afirmado repetidas veces, la ética no cree en el futuro ni acepta su dominio sobre el presente (no cree que lo presente sea un medio que sólo cobrará sentido al final, en su fin); tampoco acepta lo pasado como lastre y perecimiento, sino que sólo guarda de él lo que vale, lo que sigue valiendo: lo que no ha pasado. El ideal ético es, pues, una propuesta activa contra las obras y fastos de la muerte. Ni salva ni consuela de la muerte: se afirma contra ella, negando el tiempo de que la muerte está hecha.* El mundo de la política, de la violencia, de la supervivencia, está fundado en la administración y dosificación de la muerte: aquí

---

* Es precisamente Schopenhauer quien, en un pasaje proféticamente nietzscheano, argumenta contra la falaz congoja de la muerte como ladrona del presente: "El que se contenta con la vida tal como ésta es, quien afirma todas sus manifestaciones, puede confiadamente considerarla como sin fin y alejar de sí la idea de la muerte como una quimera infundida por un absurdo temor de un tiempo sin presente, parecido a aquella ilusión en virtud de la cual uno se imagina que el punto ocupado por él en el globo terrestre es lo alto y todo lo demás lo bajo. Pues así como en nuestro globo lo alto se encuentra en cada punto de la superficie, así el presente es la forma de toda la vida; el miedo a la muerte porque ésta nos puede arrebatar el momento presente es tan absurdo como si temiéramos deslizarnos hacia lo bajo del globo terrestre desde la altura en que ahora felizmente nos encontramos. La objetivación de la voluntad tiene por forma necesaria el *presente*, punto indivisible que corta una línea que se prolonga infinitamente en ambas direcciones y que permanec inconmovible, como un mediodía eterno que no fuera interrumpido por noche alguna, o semejante si se quiere al sol verdadero que arde sin cesar cuando nos parece que se sumerge en el seno de la noche. De aquí que, cuando un hombre teme a la muerte como si fuera la destrucción, me parece como si el sol al ponerse gritase: "¡Ay!, voy a perderme en la eterna noche" (*El mundo como voluntad y como representación*). El momento en que la voluntad se afirma no es atacable por la muerte, pero en cambio ésta constituye la textura de todas las instituciones —de la vida misma en cuanto transcurso— basadas en el tiempo y por tanto coaccionadas por el temor/esperanza al futuro o la nostalgia/huida del pasado.

se busca el poder (es decir, la vida eterna, la inmortalidad) en la muerte misma, echándola sobre los otros, inoculándola poco a poco, amenazando con ella. Pero la ética parte de la inmortalidad como premisa y no recurre a la muerte para apuntalar la vida, sino que busca la vida misma el diamante que la muerte no puede corroer, lo que en la vida rechaza la necesidad de la muerte. Es la aceptación de la muerte como base y fundamento, como *lógica* de la vida (¿qué más natural que la muerte?), lo que transforma a la vida en horror mortal y, paradójicamente, puede hacer que la muerte (es decir, el final de este morir viviente, de este justificar con cada gesto la baza de la muerte) aparezca como un refugio más parecido en verdad a ese algo sereno y acogedor que la vida podría haber sido. «Busco en la muerte la vida», dice Cervantes en uno de sus versos más conocidos; y Montaigne, en el libro I, cap. XIV de sus *Ensayos*: «Or cette mort que les uns apellent des choses horribles la plus horrible, qui no sçait que d'autres la nomment l'unique port des tourmens de cette vie? le souverain bien de nature? seul appuy de nostre liberté? et comune et promte recepte a tous maux? et comme les uns l'attendent tremblans et effrayez, d'autres la supportent plus aysément que la vie.» Quien muere porque no muere en realidad aspira a una vida en la que la necesidad de la muerte hubiera sido borrada; una vida en la que hubiese posibilidad de un *triunfo* que no fuese el triunfo de la muerte o el triunfo de quien mejor maneja la alianza con la muerte. Tal como están establecidas las cosas en el mundo de la coacción y el desamor, sólo la muerte misma parece capaz de poner fin a la permanente presencia victoriosa de la muerte. El ideal ético propone un modelo de triunfo diferente, un triunfo no apoyado en la muerte. No es tanto la muerte misma lo que se rechaza como su utilización como cimiento del mundo y sostén de la vida de unos cuantos. En vez de arrojar la muerte contra el otro y dominarle por medio de ella, reforzándome yo pero a costa de reconocer su utilidad y perpetuarla, la ética propone compartir la carga de la muerte como un simple revés, el revés de la vida; al comunicarme con el otro le eternizo y lo que sanciono es la necesidad para mí de su vida y su libertad: subrayo nuestro parentesco con lo inmortal y comparto con el otro la preocupación por la mortalidad, a cuyo carro victorioso me niego, sin embargo, a subirme.* Un gnóstico del siglo II d. J. C., Valentín, exhortaba así a sus discípulos: «Sois inmortales desde el comienzo, sois hijos de la vida eterna y queréis compartir la muerte a fin de agotarla y disolverla y que la muerte muera en vosotros y por vosotros» (cit. en H. Leisegang, *La gnosis*). El propósito desaforado y sublime de la ética (que ésta rara vez se confiesa a sí misma) es lograr que la muerte muera: es decir, que la implantación de la muerte en la vida, que es el orden vigente en el mundo, sea sustituido por un asentamiento de la vida por encima y contra la necesidad de la muerte. Tal ideal encierra, en último término, una transfiguración de la muerte y en cierto modo su rescate de la necesidad; la muerte recuperada como revés y metamorfosis creadora de la vida. El extremo más audaz de la utopía, tal como lo vio Ernst Bloch, es vencer en cada corazón la tentación de unirse a la victoria de la muerte para, por el contrario, «unir la muerte misma a nuestra victoria».

Ahí sigue estando la muerte con su horror inocultable, inesquivable: frente a ella, cada cual está *solo*. La vida une y comunica; la muerte aísla. La ruptura de los lazos que me unen a los otros es la forma paulatina en que se me va dando la muerte: «Todo hombre muere varias veces, y cada vez de una manera diferente: varias veces,

---

* La consideración de la muerte puede ser origen de tolerancias: ¿no disminuye acaso el escándalo de la culpabilidad saber que todo hombre *adeuda* una muerte, la suya propia, que no podrá dejar de pagar?

puesto que muere tan a menudo como desaparecen, uno a uno, los vivos que se acordaban de él, y de una muerte diferente según la calidad y la profundidad de la comunicación interrumpida» (Nabert, *op. cit.*). Por el contrario, multiplicar y ahondar las vías de mi reconocimiento de los otros, singularizar la calidad de mis afectos, institucionalizar de manera crecientemente perfecta la igualdad esencial de los hombres y el respeto comunitario a su libertad, son diques de la vida —pobres diques, si se quiere, pero preciosos en su fragilidad misma— frente a la insistente crecida de la muerte. La vida es comunicación, efusión, pero hay en el núcleo mismo de la intimidad algo que jamás puede ser comunicado y ese algo, violento y mágico, impersonal pero más yo que yo mismo, arrebatado y sereno, ese algo sabe desde siempre lo que es la muerte *y no la teme*. Muero sólo porque el núcleo de mi intimidad es rigurosamente refractario a la comunicación total, pese a que lucha sin cesar por ser reconocido... como incomunicable; muero quizá porque hay algo en mí que está como *trabado* por la dispersión individual y humillado por la limitación temblorosa de la carne; muero porque algo en mí —que no soy yo pero que es inseparable de mí— quiere transformarse y no le teme a la metamorfosis. En su *Hydriotaphia* afirma Sir Thomas Browne: «Nada es rigurosamente inmortal, salvo la inmortalidad. (...). La más alta prueba de omnipotencia es ser invulnerable a su propio poder; todo lo demás es contingente y lo alcanza la aniquilación.» ¿Es la voluntad, ese querer que me impulsa y constituye, lo que de rigurosamente inmortal hay en mí? ¿Es lo único invulnerable a su propio poder, mientras las identidades por ella producidas, el propio yo que quise darme, las obras y los sueños en que me reconozco y confirmo son contingencias aniquiladas por el mismo vigor que las anima? Lo que en cada uno de los hombres resiste a la necesidad y la servidumbre tiene quizá otro nombre más gozoso para lo

149

que nosotros deberemos hasta el final llamar horror y muerte... Volvamos a la ética, a su altiva humildad práctica. Uno de los aforismos de Franz Kafka dice así: «La evolución de la humanidad: un crecer de la capacidad de morir.» Hay dos formas de entenderlo: la negativa, según la cual el aumento del sufrimiento y la institucionalización burocrática de la muerte, así como la quiebra oficial de la comunicación en su sentido más hondo y personalizado, más *ético*, llevarán poco a poco a la civilización hacia una insensibilidad ante la muerte y hasta un apetito de ella; la positiva, por el contrario, se refiere a una rebelión de todo orden (política, moral y mística) contra el orden del mundo como muerte administrada, de tal modo que la plenitud de la vida y la riqueza comunicativa y ritual de los vínculos sociales fueran transformando, en fórmulas más serenamente trágicas, el actual estremecimiento desesperado y embrutecedor ante la muerte. Quién sabe. Entre tanto, es decir, permanentemente *ahora*, siempre ahora mismo... queda la vida y la tarea del hombre, que es lo que la ética trata de animar desde la virtud y la libertad. No hay aplazamiento para la tarea del hombre, no hay dimisión tampoco de ella, por mucho o poco que sea lo logrado. La urgencia de lo que más vale no decrece en ninguna circunstancia. Desde la Prisión Pedro y Pablo, tras haberle sido anunciado que esa misma tarde o al día siguiente sería fusilado, escribió Dostoiewski a su hermano Mijail estas palabras: «¡Hermano! No estoy deprimido ni desanimado. La vida es dondequiera vida, vida en nosotros mismos, no en lo que nos es externo. Hay gente conmigo y ser un *hombre* en medio de la gente y seguir siendo un hombre para siempre, no deprimirse ni caer pese a cualesquiera reveses de la fortuna me acontezcan —esto es la vida. Así lo he descubierto. Esta idea me ha entrado en la carne y en la sangre» (carta del 22 de diciembre de 1849).

Despedida

«Nous marcherons ainsi, ne laissant que notre ombre
sur cette terre ingrate où les morts ont passé;
nous nous parlerons d'eux a l'heure où tout est sombre,
où tu te plais a suivre un chemin effacé,
á rêver, appuyée aux branches incertaines,
pleurant, comme Diane au bord de ses fontaines,
ton amour taciturne et toujours menacé.»

(A. de Vigny, *La maison du berger*)

Epílogo

Respuesta a Sade

> «*Il n'y a pas d'amour. Il n'y a que des preuves d'amour.*»
>
> Pierre Reverdy

Querido marqués, usted me desconcierta, pero los comentarios que suscita a aquéllos de mis contemporáneos que le leen me pasman todavía mucho más. Y hoy, en mayor o menor grado, todo el mundo le lee. Permita que me sincere con usted: sus escritos me interesan menos que las glosas que han provocado. No es que yo le niegue cierto talento de escritor, aunque en su siglo era demasiado frecuente tenerlo; ni tampoco una notable audacia teórica, aunque más parecida al desparpajo provocador que a la reflexión coordinada que ahonda en lo auténticamente *peligroso* (tal como la de un Hegel, un Schopenhauer o, por qué no, un Rousseau). Pero confieso que el contento literario que saco de la lectura de sus obras es casi nulo, que el aburrimiento en cambio es notable, y que el provecho intelectual o al menos la excitación erótica que me proporcionan es bastante imperceptible. Vamos, estimado marqués, que leyéndole a usted ni me ilustro, ni mejoro, ni me divierto. De vez en cuando, sin embargo, le reconozco su habilidad de panfletario (que es una de las que más admiro y que, como usted bien sabe, también poseo), brillando aquí y allá a lo ancho de la oceánica monotonía de sus páginas: sin llegar a la perfección de un De Maistre, su fraternal reverso, poseyó usted el don de la irreverencia expresiva y explosiva, de la gesticulación verbal. Artesanía mestiza, desde luego, pero cuya contundencia no está al alcance de cualquiera, el panfleto requiere el virtuosismo de la exageración y determinada *celeridad* expositiva que agote vertiginosamente las consecuencias desmesuradas de premisas frágiles, cuya endeblez se olvide por la fascinación de aquéllas. La sofística, entendida abusivamente como «falta de honradez» al razonar, no tiene nada que ver con este procedimiento ni sirve como dicterio para descalificarlo, porque el panfletista no razona sino que *proclama*: hay cosas cuya fuerza estriba exclusivamente en ser dichas, no en ser justificadas; o aún más, que su justificación misma está en ser dichas *como justificadas*, aunque las justificaciones queden finalmente sin trabar y reviertan de nuevo en la necesidad de decir. *Il faut tour dire*, hay que decirlo todo, legitimación que no vale para la literatura (pues ésta consiste precisamente en no decirlo todo, en seleccionar lo que ha de omitirse, y debe más a la disciplina que a la libertad), ni tampoco para la filosofía (que no consiste en decirlo todo, sino en pensarlo todo, en proyectar cada cosa hacia el todo), pero que respalda sobradamente al panfletario, sea conformista o rebelde. Esa necesidad de decirlo todo es lo que le autoriza a usted como escritor, marqués, y como voz que clama *de profundis* y en el desierto. A esa voz quisiera yo responder ahora, pues el desierto sigue creciendo, como se nos profetizó, y otra profundidad a la vez más sabia y más inocente debe ser reafirmada. Para que nuestras armas se adecúen mejor, debería quizá recurrir al chisporroteo abrasivo del panfletario y no conformarme con la sosegada crítica filosófica. Pero ya veremos lo que sale.

Volvamos a sus comentadores, marqués. Ellos me dicen que es usted el ateo más insobornable de su siglo; pero yo le leo y encuentro un extraño teólogo gnóstico.

Me cuentan que es usted apóstol y mártir de la plena emancipación erótica, pero cuando le leo encuentro a un desesperado propugnador del erotismo como esclavitud. Aseguran que en su obra el deseo reivindica su dignidad frente a las trabas morales, pero yo la leo y descubro un monumento de culpabilidad. Me insisten sobre todo en que debo reverenciar en usted un espíritu inigualablemente libre y yo, que sé que todo espíritu ha de ser libre o no es espíritu, tropiezo al leerle con un patético abogado de lo irremediable que se regodea morbosamente en la desesperación de la necesidad. Otros afirman que fue usted el gran rebelde de sus días y aquí sí debo darles sin reservas la razón: rebelde contra su casta incapaz de asegurar la continuidad de sus privilegios, rebelde contra las luces tolerantes de su siglo y contra su insólito (aunque poco más que teórico, ciertamente) descrédito de la crueldad, rebelde contra la utopía de una igualdad que fuera *a la vez* fraternidad y no simple devastación de la singularidad, rebelde contra lo que hace al hombre al menos hombre y rebelde porque no le hace más que hombre. Son las mismas rebeliones que retomará más de medio siglo después Nietzsche, pero ya no como panfletario sino como pensador; diferencia importantísima, porque, en cuanto panfletario, usted opuso sin más la Ilustración a la Ilustración, pretendiendo aprovechar su ímpetu para destruirla con sus propias armas, mientras que Nietzsche, en tanto pensador, apuesta por la entraña misma de la Ilustración pero prolongándola, ahondándola y purificándola. Poniéndola también en peligro, sin duda, pero no *desperdiciándola*... Lo peor de todo es que sus comentaristas (quizá debiera decir mejor sus trivializadores, porque algunos de los que le han comentado han convertido su lectura en algo mucho más profundo y sugestivo de lo que nunca hubiera llegado a ser por sí misma, a veces incluso *demasiado* profunda y sugestiva) han sustituido su voz, haciéndola *digerible* para el *con-*

sensuus gentium progresista de nuestros días, más antimetafísico que ateo, más insolidario que individualista, más liberal que liberador, más pillín que erotómano. Rueda por los estantes de los *sexshops* y por las pantallas de ciertos cines «especializados», un Sade tranquilizadoramente masturbatorio que se compra como parte de un equipo de fin de semana, junto al falso látigo de cuero y a las botas altas de dormitorio, un Sade conciliable con la democracia constitucional y la liberación femenina. Pero todo lo espantoso, lo *insoportable* de Sade se ha perdido en esa marioneta hinchable, lo mismo que —a más alto nivel, desde luego— se pierde también en el Sade místico de otros, o en el Sade simplemente *sádico* de los más, y en el Sade freudiano o rousseauniano. Porque lo más atroz y a la par lo más peculiar de su obra, marqués, es *su total rechazo del proyecto ético*. Y rechazar el proyecto ético no es abogar por la inmoralidad o amoralidad, por supuesto, pero tampoco solamente abolir la razón comunitaria que une a los hombres (la «ley divina» en el sentido heraclíteo de la expresión), sino también, y ante todo, culpabilizar la voluntad de los hombres y pervertir lo que nuestro querer auténticamente quiere. Lo que usted niega no es la recompensa intra o extra-mundana de la virtud, ni tampoco se limita a recensionar la mala acogida que la virtud recibe por parte de la sociedad e incluso de la naturaleza; aún menos reduce su ataque a mostrar la convencionalidad de las virtudes, su alcance controvertible y su relativismo geográfico e histórico. Con más o menos torpeza teórica y brío panfletario, lo que usted quiere negar, Sade, es *la virtud de la virtud*, a la par la virtualidad y la virtuosidad de la opción virtuosa. Lo que usted se propone es algo más grave que destruir al hombre, porque lo que quisiera es *desvirtuarlo;* o sea, acudiendo al diccionario, «hacerle perder su eficacia, fortaleza, valor o mérito». Y también, tal como se dice de cafés o vinos desvirtuados, «hacerle perder su aroma». Todos los posesos encerrados en el castillo maldito de sus obras, todos, tanto víctimas como verdugos, han perdido el perfume y el sabor de la humanidad, son seres desvirtuados. Por ello, cualquier invitación a la ética debe concluir dándole respuesta.

Recordará usted, marqués, que Blyenbergh, aquel discípulo inquisitivo con el que Spinoza mantuvo su correspondencia sobre el mal, preguntaba a su maestro si no habría ciertas esencias humanas que encontrasen en el crimen no un veneno, sino un delicioso alimento. Y Spinoza, con su implacable consecuencia habitual, le repuso que si alguien ve claramente que puede gozar de una vida mejor cometiendo crímenes que ateniéndose a la virtud, será un perfecto insensato si se abstiene de cometerlos, «pues visto desde una naturaleza humana tan pervertida, los crímenes resultarían virtud». El problema consiste en «ver claramente», en hacer un permanente esfuerzo por aclarar hasta la evidencia nuestra visión, por pulir al máximo el cristal a través del que contemplamos lo real: de otro modo, veremos el crimen como virtud, el dolor como goce, la libertad como sumisión desesperada a lo ineluctable. Y llegaremos a suponer, concluirá Spinoza, que estamos mejor colgando de un cadalso que sentados ante nuestra mesa degustando un buen vino. ¿Es acaso usted una de esas naturalezas tan pervertidas que ven el crimen como virtud, es decir, que consideran la destrucción de los hombres como lo único en que un hombre puede hallar «eficacia, fortaleza o mérito»? Digamos que tal es el propósito que sus personajes se atarean en cumplir y, panfletariamente, en proclamar; pero que usted mismo, marqués, llegue a verlo claramente es algo más que dudoso y contra lo que puedo aportar algunas evidencias. Porque a fin de cuentas, usted no logra ver el crimen como virtud, es decir, como «eficacia, fortaleza y mérito»: *en realidad, la espantosa desesperación de su obra reside precisamente en la imposibilidad de dotar al crimen de los prestigios de la virtud.* Lo intentó usted todo, marqués, incluso proyectó un cuento filosófico que no llegó a escribir (*Séide*) en el que se reconvertía la virtud en crimen. Pero ni el crimen se hizo virtud, ni la virtud crimen, ni llegaron a confundirse; por último, también en su obra —espero demostrárselo, marqués— el crimen es sólo una *debilidad* que se nos impone y la aborrecida virtud sigue marcando la pauta del juego y mostrándose al final como la más fuerte, bajo el rayo mismo que se toma la molestia de aniquilarla para mejor verla luego renacer de sus cenizas.

Pero comencemos por el principio. ¿Qué es lo que usted quiere, lo que ve claramente como aquello que debe ser conseguido para gozar mejor de la vida? Por descontado que no trata usted de promocionar una particular práctica erótica, algo así como un desinhibido canto a la algolagnia o goce que se origina en la imposición de dolor o en su contemplación. Su propósito va mucho más lejos. Georges Bataille lo resume así: «Excluyéndose de la humanidad, Sade no tuvo en toda su larga vida más que una ocupación, que decididamente se apoderó de él, la de enumerar hasta el agotamiento las posibilidades de destruir seres humanos, de destruirlos y de gozar con el pensamiento de su muerte y de su sufrimiento» (*La literatura y el mal*). Y aun la palabra «goce» me parece engañosa en su caso, marqués, pues no es tanto el goce de la destrucción como la destrucción del goce lo que corona su sistema. Habría que dar a lo que usted quiere una formulación aún más universal para que alcanzase el rango de auténtica Ley de la voluntad que se propone, separarlo aún más de las instancias de la sensibilidad y ascenderlo hasta la razón pura práctica. «Podríamos finalmente ver la voluntad de Sade desolidarizarse del hombre e imponerse el imperativo categórico de una instancia cósmica que exige el aniquilamiento de todo lo que es humano» (Pierre Klossowski, *Sade mon prochain*). Pero subrayemos de inmediato que este imperativo categórico no es en modo alguno kantiano, como podría suponerse por ciertos avecinamientos del nombre de usted con el de Kant, pues precisamente la gracia del imperativo kantiano está en que recusa cualquier «instancia cósmica» que pretenda imponerlo. Para fundamentar su imperativo criminal, recurrió usted a instancias que Kant hubiera calificado de inmediato como *heterónomas*. Tal como ciertas morales tradicionales basaron su imperativo virtuoso en las órdenes de un Dios todopoderoso y providente y otras prefirieron ver en la virtud una adecuación sin fallas ni reticencias al orden cósmico natural, usted sustentó su precepto destructivo en los mandatos de un dios perverso, el Ser Supremo en Maldad, o en el acatamiento de una Naturaleza trituradora. Los deseos criminales que exhibe en su sistema, señor marqués, siguen el ejemplo de un dios malo o el dictado de una naturaleza aborrecible, pero en modo alguno se atrevió usted nunca a decir que provinieran del respeto a ninguna instancia autónoma, a una voluntad que instaura libremente su propia Ley, o mejor, que se da su propia Ley para ser libre. El deseo criminal es la voz con que habla en mí el maligno Ser Supremo o es el instrumento de la impía Naturaleza para conseguir mi complicidad en su eterno ciclo de destrucción y procreación. No soy autónomo en modo alguno, pero al menos puedo comprender la esclavitud que me corresponde y, renegando de las convenciones sociales y de los preceptos virtuosos sustentados en la absurda hipótesis de un Dios bueno, entregarme sin freno a lo que me agrada *justamente porque confirma lo que de heterónomo e inhumano hay en mí*. En una palabra, el imperativo categórico de la aniquilación de lo humano no puede ser autónomamente *elegido*, exige una instancia superior que lo imponga; de la revelación de los planes de tal instancia proviene un goce que no es sino regodeo en la fatalidad.

Consideremos con algo más de detenimiento los dos tipos de instancia superior que propone usted para apoyar su imperativo. La más truculenta es la del Ser Supremo en Maldad, un aciago demiurgo cuyo origen habría que buscar en Marción y otras sectas gnósticas. Esta hipótesis le emparenta a usted, señor Sade, por un lado, con Descartes y por otro, con aquellos movimientos heréticos medievales de los Hermanos del Espíritu Libre, que en el siglo XVII se reprodujeron en la Inglaterra de Cromwell. La suposición de un Ser Maligno también rondó al autor del *Discurso del Método*, aunque sólo se la planteasé medianamente a fondo en el plano epistemológico; nunca llegó a imaginar Descartes las consecuencias morales de la existencia de un demiurgo engañador y burlón, dedicado a legislar como buenos los peores crímenes o, aún peor, hipócrita ordenador del bien para luego, el último día, arrojar la máscara y reconocer como sus hijos predilectos a los criminales.* En cuanto a los Hermanos del Espíritu Libre, y sus sucesores los *ranters* ingleses, eran herejes que se identificaban directamente con Dios y por tanto se consideraban dispensados de respetar cualquier ley religiosa o civil. Los mandamientos de la Ley de Dios, lo mismo que el Estado y la sociedad civil, son maldiciones subsecuentes a la Caída Original; purificados ellos, por su divinidad, de la Caída, lo malo y lo bueno, lo permitido y lo prohibido eran conceptos vacíos para quienes podían permitírselo literalmente *todo;* aún más, que debían permitírselo para reafirmar su condición. El Dios con el que se identificaban no tenía *preferencia*

---

* También Blyembergh, polemizando con Spinoza, dice que la filosofía de éste lleva a suponer "que Dios quiere los crímenes, tanto como la virtud" (Carta XXII) y que los malvados cumplen la voluntad de Dios ni más ni menos que los buenos. Spinoza le contesta admitiendo que "los malvados expresan a su manera la voluntad de Dios", pero "le sirven a su pesar y destruyéndose al servirlo, mientras que los justos le sirven conscientemente y realizan, al servirlo, una perfección mayor" (Carta XIX).

alguna por el bien; los *ranters* le invocaban diciendo «¡trágame, condéname!» y uno de ellos explicaba que la condenación eterna que tanto preocupa al hombre religioso no es más que ser «consumido, condenado, engullido y absorbido por la nada, en los intestinos de la propia Eternidad, nuestro común vientre materno». Sin embargo, la hipótesis de un Dios indiferente al bien o propugnador del mal contrasta excesivamente con otras partes de su sistema, marqués, materialista la mayoría de las ocasiones hasta la exageración, y parece más bien un recurso polémico, un paradójico argumento para proseguir el combate antirreligioso. Es, en realidad, la Naturaleza la instancia cósmica que, según usted, impone el imperativo criminal,* la que ha modelado sus deseos y la que le autoriza e instruye para saciarlos.

Hay muchos puntos en común entre la Naturaleza que usted, señor de Sade, imagina y lo que, por aquellos mismos años, ideaba, bajo el nombre de «voluntad», el filósofo Arturo Schopenhauer. En ambos casos se trata de un ímpetu ciego, repetitivo, sin objeto ni finalidad, que recorre eternamente un ciclo de destrucción y engendramiento, de muerte y procreación, movido exclusivamente por el apetito de durar y reproducirse. El individuo es el instrumento y la víctima de esta pasión inútil: no posee otros deseos que los de asegurar su ser independiente y llama goce a todo lo que confirma su asentamiento en el mundo y «bueno» a todo lo que le protege y aprovecha; sus impulsos no solamente son egoístas, sino agresivos contra todos los restantes individuos con los que se ve obligado a compartir un mundo que quisiera poseer por entero a su capricho (pues la voluntad está en él en su totalidad, aunque cada individuo no sea más que uno de sus parciales fenómenos); pero su destino final es la

---

* ¿Es preciso recordar que en su siglo se creyó, por lo común, justamente lo opuesto?

zozobra insatisfecha, el dolor y finalmente la aniquilación, pues tales son las recompensas que la naturaleza (o la voluntad) guarda para quién más fielmente le sirve. El bien, entendido como renuncia, solidaridad y encauzamiento de los apetitos posesores y destructores, es una especie de contravoluntad voluntaria, la antinaturaleza; pero en último término, pudiera encubrir necesidades sociales de conservación y reproducción comunitarias, convenciones que se presentan como naturales para que el Estado pueda cumplir sus fines a costa de sus individuos y a este respecto de modo efectivamente «natural». Ante tal panorama, Schopenhauer aboga por una moral de la *compasión*, entendida como renuncia a la ilusión agresiva y egoísta de la individualidad y como suspensión dentro de lo posible del deseo que es fuente de sufrimiento y perturbación. Me doleré con todo lo que sufre, pues no soy nada diferente de los restantes seres a los que me opone el espejismo de mi yo; no colaboraré en la pugna destructiva en que nos agitamos, movidos por azares que no dependen de nosotros ni podemos controlar de ninguna forma y que finalmente han de destruirnos. Ciertamente que no se puede vencer a la voluntad cósmica ni «moralizarla» lo más mínimo, pero uno puede al menos negar la complicidad entusiasta que se nos exige e incluso *resistir* en cierta medida. En cambio usted, marqués, tomó decididamente el camino opuesto: imitemos, nos dice, a la naturaleza hasta sus últimas e insoportables consecuencias, secundemos su obra demoledora con fervor desesperado. Es como si quisiera usted ganarle la mano y vencerla en su propio terreno, *desconcertarla* con su aplicación al horror puesto que es imposible doblegarla oponiéndose a ella. No está en nuestra mano detener sus crímenes, pero sí multiplicarlos y acelerarlos. Pretendió usted, marqués, crear un modelo reducido del cosmos, inatacable desde el exterior e inexorable en su regulación interna y reproducir allí el vértigo desmembrador de la necesidad natural. «El lenguaje de las *Ciento Veinte Jornadas* es el del universo lento, que degrada sin escapatoria posible, que atormenta y que destruye a la totalidad de los seres que da a luz» (Bataille, *op. cit.*). Lo más fuerte, lo necesario, lo eterno e irremediable es también lo *anti-humano* por excelencia, en lugar de ser lo más sublimemente racional y armónico: Schopenhauer y usted coinciden en esta reacción anti-platónica. Y ambos se vuelven también en consecuencia contra los valores humanos y la actividad del hombre: uno aconseja suspender la humanidad en cada uno de nosotros, renunciar a sus ambiciones y tareas, salvo en aquellas actividades cuyo logro es negar la utilidad y apaciguar al máximo los esfuerzos de la vida (arte, filosofía...); el otro aconseja destruir lo humano de raíz, liquidar de una vez su fragilidad inmunda para que acabe la pantomima jadeante del devenir *consciente*. «En una palabra, hay que hacer reinar el mal de una vez por todas en el mundo a fin de que se destruya a sí mismo y el espíritu de Sade encuentre finalmente la paz» (Klossowski, *op. cit.*).

Pero este sueño de alcanzar la serenidad por el desenfreno destructor, no menos que el recurso al nirvana de Schopenhauer, son empresas desesperadas en su proyecto mismo, es decir que parten precisamente de la desesperación y allí revierten. Usted lo sabe demasiado bien, cuando escribe: «Odio la naturaleza... Quisiera alterar sus planes, obstaculizar su marcha, detener la rueda de los astros, trastornar los globos que flotan en el espacio, destruir lo que la sirve, proteger lo que la daña, insultar en una palabra todas sus obras, y no puedo lograrlo.» *No puedo lograrlo*, confesión cuyo patetismo más bien subraya que disminuye cierto regusto a secreto alivio. Hay una razón fundamental por la que el triunfo sobre la naturaleza utilizando sus propias armas, lo que equivaldría a alcanzar el reposo en el mal y la serenidad por medio del tormento, es una tarea intrínsecamente irrealizable. Y es que los crímenes le son a la Naturaleza necesarios, pero además *inacabablemente* necesarios: nunca se pueden cometer *demasiados*... Usted mismo lo recordó: «Nunca se cometerán bastantes crímenes sobre la tierra en vista de la sed ardiente que la Naturaleza siente de ellos». Todos los crímenes no son bastantes ni capaces de alterar el ritmo natural porque éste se alimenta precisamente de ellos, *dado que la Naturaleza está dotada de la capacidad de reproducir y en su práctica todas las capacidades son necesarias*. Esa sed ardiente que la Naturaleza tiene de crímenes, en el hombre se llama «deseo» y sirve precisamente para que pueda ejercerse la capacidad creadora de la fuerza cósmica. No hay forma de ir demasiado lejos en este sentido, tal como la propia Naturaleza le explica al filósofo Braschi en su *Julieta*: «Cesa de engendrar, destruye completamente todo lo que existe, no alterarás en nada mi marcha. Que destruyas o crees, todo es más o menos igual a mis ojos, me sirvo de ambos procedimientos tuyos, nada se pierde en mi seno. (...). Así que forma o destruye a tu capricho: el sol saldrá igualmente; todos los globos que suspendo, que dirijo en el espacio, seguirán teniendo el mismo curso; y si tu lo destruyes todo, igualmente esos tres reinos, aniquilados por tu maldad, serán el resultado necesario de mis combinaciones, yo no formo nada, porque esos reinos están creados con la facultad que poseen de reproducirse mutuamente y, al ser trastornados por tu mano traidora, yo los reformaré, los relanzaré sobre la superficie del globo. De manera que el mayor, el más inmenso de tus crímenes, el más atroz, sólo me proporcionaría placer.» Así que el deseo destructor que anida en el pecho del libertino, el que le lleva a destruirlo todo para dejar de una vez de desear, quedará permanentemente frustrado porque no es más que el combustible de una máquina que ignora y que le ignora. Tal como el Mefistófeles del *Fausto*, queriendo hacer el mal hará siempre el bien, porque sus esfuerzos aniquiladores sólo servirán para reproducir de nuevo más y más. Sólo la Naturaleza es auténtica y poderosamente sádica, querido marqués... De aquí la más extraña y desesperada de todas las rebeliones, la más sutilmente luciferina: la del libertino que protesta porque no se le permite llevar el mal hasta sus consecuencias verdaderamente destructoras y se le impide aniquilar del todo (o aún peor, se le utiliza para agilizar la reproducción), pero tampoco se le brinda otro medio para librarse del deseo incansable que le trastorna. Recordemos la respuesta de Braschi a la Naturaleza en la obra antes mencionada: «¡Oh tú, fuerza ciega e imbécil cuyo resultado involuntario soy yo, tú que me has arrojado sobre este globo con el deseo de que te ofendiese y que sin embargo no puedes proporcionarme los medios para ello, inspira entonces a mi alma encendida algunos crímenes que te sirvan mejor que los que dejas a mi disposición! Quiero cumplir tus leyes, dado que exigen fechorías y dado que tengo la más ardiente sed de cometerlas: pero ofrécemelas distintas a las que tu debilidad me presenta. Cuando haya exterminado sobre la tierra a todas las criaturas que la cubren, estaré muy lejos de haber cumplido el objetivo por el que te habré servido, madrastra... ¡y porque aspiro sólo a vengarme de tu estupidez o de la maldad que haces sentir a los hombres al no ofrecerles jamás los medios para entregarse a las más espantosas inclinaciones que les inspiras!» Querer ser bueno del todo quizá sea absurdo, delirante, simple convención que se ignora y pretende absolutizarse; pero ser malo del todo es imposible y a la vez el malo, para sacar contento de su querer criminal, no pude contentarse con menos. Sus libertinos, señor de Sade, son *condenados* y además están lúcidamente conscientes de su condena, lo que contribuye a aumentarla.

Pero esos condenados, se me dirá, lo son por haber querido ser plenamente *libres*, luciferinamente libres.

Nada más dudoso: de hecho, su verdadera condena es haber renunciado al cumplimiento de la libertad. Y nótese que digo haber *renunciado* a la libertad, no haber comprendido y acatado nuestra inevitable sumisión al determinismo cósmico. Porque usted, señor de Sade, cree en la libertad radical del hombre frente a la naturaleza, cosa que suelen olvidar sus comentaristas; luego su aceptación posterior de las leyes naturales como justificación del imperativo criminal no puede ser más que una dimisión o una coartada. Perdóneme, marqués, si por un momento le aplico criterios de coherencia argumentativa que son más propios de la crítica a un filósofo que a un panfletista. Volvamos a las opiniones de su portavoz ante Julieta, el filósofo Braschi: «Las relaciones del hombre con la naturaleza o de ésta con el hombre son, pues, nulas; la naturaleza no puede encadenar al hombre por medio de ninguna ley; el hombre no depende en nada de la naturaleza; nada se deben el uno al otro y no pueden ofenderse, ni utilizarse; la una ha producido al otro a pesar suyo: desde ese instante, no existe relación real alguna; el otro ha sido producido a pesar suyo, y, en consecuencia, no tiene ninguna relación con aquélla. Una vez arrojado, el hombre no depende ya de la naturaleza; una vez que lo ha arrojado, nada puede sobre el hombre; todas sus leyes son particulares.» Arrojado al ser, vomitado al mundo, eyaculado entre la hostilidad ajena de las cosas, el hombre no debe nada a la naturaleza que lo engendra sin propósito ni escrúpulo. ¿Por qué hipotecarse, pues, a su servicio y aceptar sus designios destructores como propios? Porque ese ser infinitamente libre y disponible que es el hombre siente el vértigo espantoso de su indeterminación; porque comprende la destrucción inevitable que le aguarda, tras perturbar con su amenaza cada momento de la vida; porque padece la tentación de volver a la confusión genésica y devoradora de la madre, a su fermentación perpetua capaz de sacar vida de toda podredumbre y de refocilarse entre espasmos donde se confunden sangre, semen y orina, agonía y orgasmo. El hombre es libre frente a la naturaleza, sí, pero se yergue apenas, frágil y solitario; hay algo de obsceno, de *inaguantable*, en su abandono. Traza tejidos simbólicos para protejerse y adornarse, hechos de cálculo y de sueño, de superstición y de profecía, de miramiento, de rigor y de ferocidad: tiene evidentemente miedo a todas horas, salvo breves accesos de conmovedora altivez y largas zambullidas en el atontamiento rutinario. La herida del erotismo le abre permanentemente a una perdición que él pretende evitar con risibles expedientes; el trabajo y la comunicación racional intentan asentar un orden humano que sea a la vez compatible con el irrevocable desorden de las cosas. Al contemplar la vulnerabilidad del hombre (vulnerabilidad que no le viene de sus miserables necesidades, sino de su libertad) se siente un desasosiego y ganas como de borrarse de tal condición: ganas también de atacarle, de despojarle de sus bienes, de hundir sus certezas y demoler sus asideros, de romper sus carnes, de que lo inminente ocurra por fin y llegue el descanso total que su presencia turbada turba. Este y no otro es el impulso a que responde su sistema, señor de Sade. El goce que alienta en su obra es el de renunciar por fin al azoro de la libertad y a las singularmente inestables formas de la razón que la organiza, para pasarse con armas y bagajes al partido del más fuerte, de lo que no tiene fisuras, de lo que gana con certeza en cada jugada porque no puede poner realmente nada en juego; en ese partido todo es inevitable y se confunden muerte y vida, dolor y placer: ya se tiene licencia para renunciar por fin a los esfuerzos de la distinción, al intento de establecer diferencias y preferencias.

Para el libertino, el hombre no nace sometido a la naturaleza, pero ha de entregarse finalmente a ella por asco y temor ante la zozobra autodeterminada que constituye la humanidad. Quisiera de ese modo que la zozobra acabara de una vez, que la destrucción se consumase y volviera la oceánica nada uterina, que la cadena de crímenes revertiera finalmente contra sí misma: *pero la naturaleza no conoce el crimen ni la virtud porque no conoce la diferencia y es el libertino quien, tras haber abolido su humanidad, se ve obligado a seguir enjuiciando su fracaso según criterios diferenciales humanos.* Una curiosidad etimológica puede servir de metáfora de esta situación. Según Robert Graves, conducta *libertina* era la que llevaban los libertos y libertas en Roma, emancipados de la promiscuidad de la esclavitud pero insolidarios de las costumbres familiares patricias: disponibilidad erótica que debía buscar un asentamiento en la libertad por medio de alguna codificación elegida o retornar a la intercambiabilidad sin rostro de los seres-objeto. Usted, señor de Šade, prefiere sin duda el retorno a lo irremediable. Pero hay otro camino, que la misma Naturaleza señala al vetarlo. En el varias veces mencionado diálogo entre Braschi y Julieta, la aborrecible naturaleza (no olvide usted, marqués, que siempre se habla aquí de *su* Naturaleza, la cual no admit más que por mor de esta discusión) arenga así a sus retoños: «Recuerda que todo lo que no quieras que te hagan es precisamente lo que debes hacer para ser feliz, en cuanto haya graves lesiones del prójimo de las que puedas sacar provecho; ya que está en mis leyes que os destruyáis todos mutuamente; y la forma de lograrlo es lesionando al prójimo. Esta es la causa por la que he puesto en ti la más viva inclinación al crimen; lo que explica mi intención de ser feliz, no importa a expensas de quien. Que tu padre, tu madre, tu hijo, tu hija, tu nieta, tu mujer, tu hermana, tu amigo, no te sean más queridos ni más apreciados que el último gusano que se arrastra por la superficie del globo; ya que no he creado esos lazos, y no son sino obra de tu debilidad, de tu educación y de tus prejuicios;

no me interesan para nada; puedes romperlos, destruirlos, aborrecerlos, reformarlos, me da igual...» Pues bien, del enemigo, el consejo. La Naturaleza me recomienda «para que yo sea feliz» (aunque poco más adelante es su felicidad la que proclama buscar, a expensas de quien sea) que haga con mi prójimo todo lo que no quiero que me hagan, para sacar provecho inmediato; que ni mis parientes ni mis amigos me sean más apreciados que gusanos y que no respete ninguno de los lazos simbólicos que comunican a los hombres, puesto que ella no ha tomado parte en su elaboración. Su finalidad última también la declara paladinamente: *está en mis leyes que os destruyáis todos mutuamente*. De modo que, si quiero conseguir este objetivo «natural» y acabar con la indeterminación dolorosa y esforzada del hombre, ya sé lo que hay que hacer. Pero incluso está decisión he de tomarla libremente, puesto que la Naturaleza no puede encadenarme contra mi voluntad una vez que me ha *arrojado* al mundo. Lo que la virtud preconiza es justamente lo contrario de lo recomendado por la Naturaleza: puesto que no quiere destruir al hombre, sino conservarlo, me pedirá que no haga a los demás lo que no quiera que me sea hecho y que conserve los lazos simbólicos *precisamente porque no son naturales y porque confirman la independencia humana de la destructividad natural*. También se propone aquí una teoría del deseo y en modo alguno una renuncia a él: es un deseo lo que funda la virtud, pero no el deseo «natural» de aniquilación propuesto por usted, marqués, sino el deseo creador de humanidad. Deseo de poner piedras de luz en los ciegos ímpetus tenebrosos que nos agitan, de reconocer lo indestructible en el hombre y no la inercia desvalida que le ofrece al despedazamiento, de reduplicar el júbilo al compartirlo, superando el goce meramente privativo que deriva de la exclusión y daño del otro.

A fin de cuentas, me dirá el libertino, practiquemos

la virtud o el vicio, el crimen o la comunicación, tanto da, pues los objetivos de la naturaleza han de cumplirse finalmente sobre nosotros y pese a nosotros. La dulce y virtuosa Justina será aniquilada por el rayo, la impía Julieta irá siendo corroída por la vejez hasta perecer en los excesos de una última orgía o sucumbir a la fría crueldad de alguno de sus cómplices. Sólo por ironía puede señalarse uno de estos destinos como más envidiable que el otro. A la indiferente naturaleza, para nada le afectan las humanas diferencias que establece nuestro denuedo o nuestro arrebato. ¿Estamos ciertos de que sea ésta la verdad y toda la verdad? Una duda nos llega de donde menos podía esperársela, de la propia Naturaleza sádica. En su *Justine*, señor marqués, el libertino padre Clément pone voz de Naturaleza y habla así: «Cuanto más espantosa nos parece una acción, cuanto más contraria a nuestros hábitos y costumbres, cuanto más choca con todas nuestras convenciones sociales, cuanto más quiebra lo que creemos que son las leyes de la naturaleza, tanto más útil es a esa misma naturaleza. Siempre es por medio de estos crímenes como vuelve ella a poseer los derechos que la virtud le arrebata constantemente. Si el crimen es ligero, difiriendo poco de la virtud, se tardará más en establecer el equilibrio indispensable para la naturaleza; pero cuanto más importante es, más iguala los pesos, más equilibra el dominio de la virtud, que sin eso lo destruiría todo.» He aquí la más sorprendente de las confesiones, querido marqués: la de que la virtud arrebata constantemente derechos a la naturaleza y establece su dominio propio; aún más, que si se la deja, sino se la contrarresta con enormes crímenes, terminará por destruirlo todo, es decir, *logrará aquello que el imperativo criminal jamás será capaz de conseguir*... A la aborrecible Naturaleza, desde cuyo disfraz habla el implacable y malvado dios de la necesidad, le interesa, pues, que el hombre arrojado a la existencia y disponible para la virtud o para el vicio opte por este último, que es, a fin de cuentas, mucho más seguro para mantener su poderío. La virtud puede llegar a ser demasiado peligrosa y sólo el diablo sabe lo que hubiera conseguido Justina si la oportuna fulminación no la achicharra de una buena vez. Dice el libertino que la virtud «lo destruiría todo». ¿Qué puede significar esto? Si la virtud puede destruirlo todo y él lo que quiere es destruir, ¿por qué no se hace virtuoso? Si la Naturaleza ama la destrucción, ¿por qué no convierte la virtud en instinto? ¿Será, acaso, porque lo que la virtud puede destruir es la imagen de la Naturaleza como necesidad y aniquilamiento, transformándola en un ámbito de libertad y sentido? ¿Será que la virtud, si el crimen no estuviera al quite para desviarla de su camino, acabaría por humanizar la naturaleza y hacer natural la humanidad? Grave catástrofe, sin duda, para quien odia por igual lo humano y lo natural, para quien sólo desea que toda tensión acabe y que el desear mismo se reabsorba al fin. Para usted mismo, señor de Sade.

En lo más hondo, lo que la virtud pretende es *desculpabilizar* la voluntad: que mi querer sea compatible conmigo, con la vida y con los demás; que no se alimente de lo que me niega sino de lo que me reafirma, que no me confine en el aislamiento sino que me abra a la compañía. La base de la virtud es siempre el reconocimiento, es decir, el asentimiento con todas sus consecuencias a la *realidad del otro*, a la realidad de su alborozo y su tristeza, de su daño y su placer, de sus posibilidades y de su misterio. El método de la virtud es la *reciprocidad*, o sea la reversibilidad del don, la atención a lo que el otro pide u ofrece, la búsqueda de colaboración. Es virtuoso quien atiende a los demás y quien se entiende con ellos, atención y entendimiento que brinda porque quiere, porque eso es lo que la ilustración de la voluntad humana demuestra como fondo del querer. Lo que más me impresiona y me repugna del sistema de sus libertinos, señor de Sade, es que su goce no debe ser compartido jamás por el cuerpo humillado en que se sacian, ni se refuerza o aumenta nunca por el alborozado derramamiento del otro; es un goce que sólo se asienta en lo que excluye, coagulado en su aislamiento, celoso hasta de sí mismo: los libertinos sádicos terminan torturándose o dejándose despedazar para alcanzar al fin un espasmo que no necesiten compartir *ni siquiera con su propio cuerpo...* Al asistir a la descripción de su erotismo se preguntaba Albert Camus: «¿Qué vendría a hacer en este universo el gozo, la gran alegría florida de los cuerpos adquiescentes y cómplices?» (*L'homme revolté*). Respuesta: absoluta y definitivamente, nada. Se trata precisamente de lo excluido y negado, también diríamos que en cierta manera de lo temido. Y en esto veo que a usted, Sade, todo le fue vedado, salvo el delirio y la maldición del prisionero sin esperanza. Usted conoció en su carne y en su historia el reverso diabólico de las instituciones por medio de las cuales buscan los hombres su inmortalidad social: en la soledad forzosa de su celda, reclamó a la noche sin límites un demiurgo aún más atroz que le vengase y castigase debidamente la ofensa de aislamiento que se le hacía. Por eso siento escasa simpatía por los sádicos de salón o de cátedra —no digamos por los de campo de concentración— y una gran piedad por usted, marqués. Porque odió la mayúscula de la Ley, aunque sin ver que tal es también la inicial de Libertad; y porque en la necesidad, a fin de cuentas, tuvo la sinceridad desgarrada de hallar refugio pero no consuelo. Supongo que la ternura es la perdición del prisionero; al rehuir provocativamente su vigor temible, al no esperar nada de la voz que tibiamente había de pronunciar su nombre, al borrar la huella de su tumba y su propio recuerdo de la memoria humana, usted, señor marqués, renunciaba a algo y a la vez lo exigía, algo que si no es amor tiene al menos —y ya es mucho— la desolación intensa y el fervor secreto del verdadero amor.

INDICE

Prólogo 9

Primera parte
HACIA LA ÉTICA 13

   I. La acción como principio 15
  II. La voluntad como fundamento . . . 23
 III. La relación con el otro 31
 IV. Posibilidad de la ética 39

Segunda parte
LA RAZÓN MORAL 51

   V. La voluntad de valor 53
  VI. Qué vale y cómo vale 62
 VII. La eficacia de la virtud 70
VIII. El desafío del Mal 79
  IX. La ciudad de los hombres 94

Tercera parte
MÁS ALLÁ DE LA ÉTICA 107

   X. Humor 109
  XI. Amor 117
 XII. Lo sagrado 126
XIII. La muerte 139

DESPEDIDA 151

Epílogo. Respuesta a Sade 153